10堂
千金换不到的
创业人生课

陈鸿杰 许贵淦 张凯钧 著

试错
——我不想你失败

九 州 出 版 社
JIUZHOUPRESS 全国百佳图书出版单位

图书在版编目（CIP）数据

试错：我不想你失败 / 陈鸿杰，许贵淦，张凯钧著
. -- 北京：九州出版社，2023.6
ISBN 978-7-5225-1912-8

Ⅰ. ①试… Ⅱ. ①陈… ②许… ③张… Ⅲ. ①创业－
案例－中国－青年读物 Ⅳ. ①F249.214-49

中国国家版本馆CIP数据核字(2023)第159587号

试错：我不想你失败

作　　者	陈鸿杰　许贵淦　张凯钧　著
责任编辑	肖润楷
出版发行	九州出版社
地　　址	北京市西城区阜外大街甲 35 号（100037）
发行电话	(010)68992190/3/5/6
网　　址	www.jiuzhoupress.com
印　　刷	北京九州迅驰传媒文化有限公司
开　　本	880 毫米 ×1230 毫米　32 开
印　　张	5.5
字　　数	110 千字
版　　次	2023 年 9 月第 1 版
印　　次	2023 年 9 月第 1 次印刷
书　　号	ISBN 978-7-5225-1912-8
定　　价	42.00 元

【推荐序1】
失败本身就包含着胜利

　　鸿杰和凯钧都是非常优秀的青年。恩格斯说："失败本身就包含着胜利。"诚然，失败是我们生活中都会经历的常态，不过如何看待失败、如何面对失败却是值得我们思考的问题。

　　失败并不可怕，失败也没什么了不起的，只是愿你不要忘记初心。没有谁一开始就可以成功，当然每个人都想着一开始就会成功，可是现实并非如此。在每一次的试错和失败中我们都付出了或大或小的代价，但是我们的代价也不是白白地付出，在每一次试错中锻炼、每一次挫折中进步。所以我们经历过的每一次挫败是让我们离成功更近一步。

　　我在任海峡交流基金会副董事长和秘书长期间，就非常注重推动两岸互动交流的工作。这次优秀青年能够聚在一起携手合作，结合自己的创业经验分享自己对创业的感悟和体会，确实是一件难得的事。由青年陈鸿杰和张凯钧合作的新书《试错——我不想你失败》，以通俗易懂的小说笔调记录了十起创业失败案例，探寻了创业失败的共性。在某种程度上来说，失败也和成功一样具备价值和意义，同样也值得我们学习和借鉴。成功的案例固然值得传承，但失败的案例更值得学习，全书列举的十个创业失败故事，与其说是创业失败的案例，倒不如说是大部分创业者的心路历程。创业路上的每一次跌倒、试错或踩坑，都锻炼了勇于拼搏和进取的创业者。

创业是属于勇者的旅途，不仅要具备敢为人先、洞察敏锐、独立思考的创新精神，而且也要百折不挠、坚持不懈，因为创业比拼的不只是创业者的才华，还有创业者的眼光和心理素质。一个创业的项目，既能实现创业者个人的目标、抱负和追求，又能兼顾社会责任。当然，创业也离不开吃苦耐劳和拼搏奋斗的精神，吃苦耐劳和拼搏奋斗尽管乍看起来是老生常谈的传统，但在"大众创新，万众创业"的新时代依旧没有过时。就像那首广为流传的闽南语歌曲《爱拼才会赢》唱的那样："一时失志不免怨叹，一时落魄不免胆寒。哪怕失去希望，每日醉茫茫，无魂有体亲像稻草人。人生可比是海上的波浪，有时起，有时落。好运，歹运，总嘛要照起工来行。三分天注定，七分靠打拼，爱拼才会赢……"这首歌之所以能够引起众人那么大的共鸣，就是歌词中透出了积极向上的乐观态度，面对挫败时的豁达，鼓舞人心。直至今天，这首歌仍有它自己存在的意义和价值，所以这首歌也成为大陆2021年播出的脱贫攻坚剧《山海情》的重要插曲。

年轻人是未来和希望，他们身上有着无限的活力和可能性。两岸青年无论是在文化、商业还是在其他方面都应该多交流、多互动，携手同行奔向新时代。

海峡两岸经贸文化交流协会会长

高孔廉

【推荐序 2】
无论是成功还是失败，都不过是人生中的一部分

　　凯钧和我的经历有些类似，我从十六岁开始半工半读，累积了许多工作经验，包括饭店服务生、银行业务员等等。之后只身一人前往越南打拼，从事食品原料出口。凯钧台大毕业之后就去美国念硕士、英国读博士，学成回到了台湾，海外经历也和我类似，也都有海外经商的历练，我们最后都选择回到了台湾，也都事业有成。他创业的故事，相信也可以给广大青年一些新启发。

　　这本书的另一作者是台湾嘉义的陈鸿杰。鸿杰现在担任台湾青年联合执行长，也是年轻有为的才俊，为海峡两岸之间的文化交流做出了自己的贡献。我也期待两岸之间有更多更频繁的善意交流和互动。　在海外经商工作的日子里，看尽了人世间的悲欢离合，无论是世俗间的成功还是失败都不过是我们人生中的一部分。人生就是一个过程，创业也是体验不一样人生的过程。试错可能是每一位青年人在创业过程中都会经历的，一时的失败也代表不了什么。当然，今天的年轻人更不要轻易

去羡慕别人的成功，因为你不一定能够付得起成功的代价。

在今天快速发展的时代，吃苦耐劳、拼搏奋斗的精神依旧很重要，无论是创业还是做其他事，只有一不小心的全军覆没，没有一不小心的大获全胜。世界上的每一个成功的实现都需要很努力才能够做到。我从二十七岁到越南，从事食品原料出口，当时每天面临的都是不同的挑战，如抓不住东南亚民众的喜好、不清楚公务流程等等，其实这也是一路挫折的，当然创业也是如此。

这本书就是把一些创业中试过的错分享给我们的青年朋友，总结探寻失败的共性，希望青年人能够在失败中历练总结，在试错中进步成长。

台湾商会联合总会青商会会长

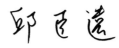

【推荐序 3】
但问耕耘，不问收获

我是来自屏东的乡村小孩。护专毕业后，人生的第一份工作就是在台大医院担任护理师，随着时代网络科技进步，工作多年后才再去进修信息管理系硕士。

"乐在工作""工作即生活，生活即工作"，是我人生的座右铭。台大医院是我人生的第一份工作，当初到台大医院工作，我以为我会做到从台大医院退休。

在台大医院就职以来，就一直与柯文哲市长共事，与柯市长一起进入市政府之前，也就只有台大工作经验。在台大医院工作，吃了不少苦头，但我秉持"学历不如人、就加倍努力"的态度，硬是帮自己闯出一片天。

斜杠工作的开始，台大医院叶克膜的发展，我常开玩笑团队有脑、有手、有脚组合成无敌的叶克膜团队，从临床病患的医疗，外科加护病房的医学研究，工作流程的设计，建立网站数据库，统计资料，产出论文发表，到基础实验室的研究，其中不乏跨科室的合作，肾脏内科急性肾衰竭的临床研究，心脏内科与心脏外科整合型研究，甚至为了建立网站数据库，在职进修信息管理学系。回想过去二十几年，我很幸运可以跟世界很多有名、很厉害的医生一起工作，同时也发现，二十多年下来，每天 RCA（Root Cause Analyslis）根本原因分析检讨报告的习惯，和不断地学习新事物及训练新的技能，已经是我工作和生活的一部分。

过去二十几年在外科加护病房工作，我看尽加护病房内的生与死，每个案例都是我的心灵导师，开启了我对医学的赞叹及对人性的看淡；其中有教我重新认识生死的很神奇的个案，有教我人生道理的个案，有教我面对生死两茫茫时的心得与领悟人生的无常，有的带给我面对未来，让我更谦卑地面对生死。有教我与世无争的，有教我不愿面对，不愿放下的执着的案例，同时，也让我理解医学的极限及无奈。

《试错——我不想你失败》即将公开出版发行，凯钧和鸿杰是努力踏实的青年，应邀欣然为其写序。他们合作写一部关于探讨总结创业失败的共性的书，无论是对于创业青年的借鉴学习作用，还是对两岸交流互动都是具有重要的意义。书中十起创业失败的案例中，有涉及外贸的、服装的、餐饮的、电商的、金融的……列举了各行各业经常会出现的"坑"，用简单明了的笔调和写法娓娓道来，有序地展开叙述，交代每一个案例或者故事的来龙去脉，总结经验和教训，希望能够对准备创业或者正在创业的青年人有所启迪，通过前人总结的经验，少走一些弯路。

作为过来人，其实不管是创业还是生活中的其他事，我们经历失败的次数总比成功多。古话常讲人生不如意之事十有八九，那如意之事也就只有一二。有的人踩坑、摔倒，经历挫折之后，选择了勇敢地站起来拍拍身上的灰尘，继续往前走；有的人遭受了失败之后，萎靡不振，止步不前，甚至选择了放弃。年轻的朋友们，你们甘愿在经历挫败之后就轻易选择放弃吗？还是愿意选择调整好自我之后，不断前行？

有的人在遇到挫败之后，会选择以抱怨的心态去对待，怨天怨地；有的人在经历失败踩坑之后，会在挫败中吸取经验，在试错中锻炼自己，转换为自己前进的动力。青年朋友们，你们愿意自己是前者还是后者呢？

当然，每个人都渴望成功，不想经历失败。可是现实中哪有此等美事呢？生活中的每件事，如果不做，固然不会经历失败，可也肯定遇不上成功。人生的阶段就像起起伏伏、延绵的山地，有高峰也有低谷，无论顶峰还是谷底，都是我们生命中遇到并且值得铭记的风景，也是我们的财富和经历。

面对浩瀚宇宙、璀璨星空，我们人类是渺小的，因为我们不能改变的事物还有很多。可是我们人类又是伟大的，因为可以靠我们的努力去改变的事物还有很多。面对这世界上那么多纷纷扰扰的诱惑和机会，曾文正公的那句"但问耕耘，不问收获"也能稍微安抚一下躁动的心。创业需要耐心耕耘，不问收获并不是不在意收获，收获不过是创业耕耘之后水到渠成的结果。

　　人哪能总是患得患失，学会在试错、踩坑中总结经验，在失败中找到真我又何尝不是一种进步呢。所谓凡是过往，皆为序章。祝福所有青年实现自己的梦想。

知名人士

蔡碧如

【推荐序4】
从错误中学习的创业家经验谈

台北是创业与信息人才聚集地，台北市政府也有诸多创业辅导，让众多北漂青年相聚集于此，一起努力追梦！

但创业的道路上充满了荆棘，有幸拜读台湾青年联合会执行长陈鸿杰和台湾职工教育与培训协会张凯钧理事长整合了许多真实创业案例，透过个案解析，让人快速了解创业者的艰辛与挑战，非常值得有心创业者细细品味。张凯钧理事长已投入台湾职工教育多年，为职工教育贡献许多心力，此次透过本书进行经验传承，更显意义重大。

过去"劳基法"往往未能落实，近年来，劳动权的种子逐渐萌芽，在许多劳工抗争下，劳动条件成为劳资争议的主要战场，也凸显了劳资协商的重要性。劳资会议虽是企业内部劳资协商平台，但劳资会议却未能明确"立法"，劳资双方虽可透过劳资会议沟通，但劳资会议的法制化却迟迟没有进行，不仅让劳方难以参与企业内部沟通，也使不少年轻创业家容易误触"劳动法令"。我相信唯有良好的劳资沟通，才能使企业内部更团结、提振士气，创业需要的坚强团队与共同志向的伙伴，也才能在此形成。大家一同打拼就该保障彼此的权利，这才是友善青年创业环境所该追求之目标。

有鉴于青年创业之辛苦与不易，台北市政府也推出诸多辅导政策，例如：打造创业育成基地、新创公司辅导、新创公司补助、青年住宅政策，我们希望帮所有青年创造好的就业／创业环境，让台北市带动改善全台湾就业／创业环境，使台湾年轻人有一个更美好的未来。

知名人士

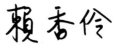

【推荐序 5】

"试错"勇敢创新,为混乱的台湾带来希望

今日台湾民众都会开始忧心疫情后之经济发展,受到新冠疫情严重冲击,诸多行业都碰到景气寒冬,但当局却连纾困都做不好!

但台湾经济问题也并非只是因新冠疫情就受影响,长期以来蓝绿两党不当的施政策略且对财政赤字长期视而不见,才是造成台湾经济逐渐衰败的主因!

政党轮替就是"执政党"干不好,就换人换党再看看,但政党轮替都三次了,台湾经济却更糟,例如"一例一休"与"年金改革",造成了全盘皆输的窘境,两党完全"执政",都只照顾大财团,标准垃圾不分蓝绿,广大中小企业与年轻人都被"执政党"放生了。

作为台湾经济基石的中小企业因经营成本增加,面临倒闭危机,具有创意的年轻人,也因官方没提供足够创业资源,而不敢创业逐梦,岛内经济如一潭死水!

但青年有梦,筑梦踏实,要改变现有台湾困境,就是要鼓

励青年站出来！以前我在大学任教期间，我就鼓励学生勇敢走出"舒适圈"，要努力去闯，创业就是高端人生的历练，虽然很多时候创业会让自己跌跌撞撞，却能快速地自我成长！

本书《试错》也是讲述了海峡两岸之青年创业问题，将创业者会遇到的相关问题加以整合与论述，海峡两岸的青年在创业的道路上，都是遇到了相同的诸多问题，但也靠着新知识与新科技之相关应用，而逐渐走向成功之路！

本书的作者台湾青年联合会执行长陈鸿杰与台北市文明人权服务协会张凯钧理事长，已协助诸多创业团队之相关创业咨询与法律问题咨询，张凯钧理事长将其自身之辅导经验汇集于本书当中，更让本书贴近创业实务历程，故阅读本书就能深感年轻人还是有辽阔的未来可以期望的就自己去做，台湾的经济，就让台湾年轻人来救。

知名人士

张兆禄

【推荐序6】

有志向、有志气，一定可以闯出自己的一片天

《试错——我不想你失败》一书付梓了，凯钧请我为他们的新书写序。这本书是由台湾青年联合会执行长陈鸿杰先生、社团法人文明人权协会理事长张凯钧博士合著的关于创业的书。这本书不同于市面上关于创业成功作品，他们反其道而行，将青年创业过程中试过的错、踩过的雷分享给大家，希望后来的创业者能少碰一些壁、少走一些弯路。

在创业方面，虹安也算过来人，很高兴能有机会把自己的创业心得和体会和大家分享。年轻人有着无限的活力与热情，可以大胆地拼搏尝试，但不可避免地也得经历试错，所以纠错检讨的能力也更关键。

看到今天有志创业的年轻人，就像看到过去年轻的自己。现在的许多年轻人，无论是学历、经历还是家庭条件，都比那时候的我要好。鸿海集团创办人郭台铭曾说："人没有天生的穷命和贱命，只有你是用什么样的心态来磨炼自己。"所以青年人还是有要志向、有志气，一定可以闯出自己的一片天。

我看到今天有些年轻人选择的创业领域，能够兼顾到自己的理想和兴趣，是一件非常幸运的事。当然人生总难一帆风顺，年轻的创业者也都是在试错、纠错的过程中锻炼自己、成长茁壮的。只要有志向，自己的头脑，自己的双手，自己的用心就是我们能够拥有的最宝贵的创业资产。每一次挫折也都是一次进步的机会，只要不放弃学习、不放弃努力，能够打败你的绝对不是别人给予你的挑战与挫折。

知名人士

前　言

　　创业成功固然可喜，创业成功的原因也值得我们去了解和探究，但成功的例子毕竟是少数。在创业过程中，与成功相伴的失败，不仅在我们现实的生活成为常态，而且创业失败的原因大部分是有共性的。所以创业过程中失败的原因和共性也同样值得我们去总结、分析和研究，正如国外那句谚语说的那样："从胜利中学得少，从失败中学得多。"

　　如果说创业是一次登山，创业成功者就是能够坚持到最后登顶的人，然而能最后登顶的毕竟只是极少数，很多人不仅没有到半山腰甚至从山脚开始没登多久，就已经注定止步不前了。

　　企业家李嘉诚先生在接受《商业周刊》采访时提到，他自己百分之九十的时间都在思考失败。创业成功当然是每个创业者的期待，但是创业中的失败也要引起我们的重视。创业在今天的社会中变得更加普遍，创业成功的美好，让越来越多的年轻人选择自主创业，以至于让很多人忘掉了初次创业失败的概率是高达百分之九十以上的。有理想是美好的，有创业的愿望和理想也值得被鼓励，但是我们不能忽略现实生活中创业失败的代价也是扎心的。

刚入步入社会的年轻朋友，会崇拜社会上著名的商人、企业家，期待在将来的某一天自己也可以拥有和他们一样的成功，无可否认，这些憧憬和期待总是美好的。殊不知，社会上那些著名的创业者能够取得今天的成绩，他们的成功也是之前由无数次失败的经验积累而成。关于成功背后的代表，就像作家冰心所说的那样："成功的花，人们只惊羡她现时的明艳！然而当初她的芽儿，浸透了奋斗的泪泉，洒遍了牺牲的血雨。"很多年轻人兴高采烈满腔热情地踏上了创业的路，这其中不少人学会了"变魔术"：一年半载的时间之内，把两三百万的创业资金给变不见了。现在尽管是鼓励创业的时代，但是创业烧钱也快。

不忘初心，方得始终。这不仅是对于我们个人生活或者人生的启发，在创业的过程中需要不忘初心，不要忘记了我们当初是为什么创业，不要忘记了我们当初创业的出发点。有了创业，自然知道应该选择哪种商业模式。而在创业失败的例子中，很大一部分人是还没想好为什么要创业，更谈不上创业的初心了。创业成功的因素是综合的，失败的原因也是多种多样的，但是失败的大部分原因中有着相似的共性。本书分为十个章节，针对青年在职场工作和创业过程中普遍会犯的错误，探讨比如来自职场的考验、创业与市场需求脱节、资金链断裂、盲目自信、产品缺乏用户体验等方面的因素，这些都是导致创业失败的普遍原因，也可以说是共性。

　　这本书不敢说是教人避免创业失败，也不是教人如何创业成功。而是希望读者，尤其是准备创业或者正在创业的青年朋友，能通过在书中年轻人创业失败的案例、经历试错的切身体会以及失败的原因分析，能够有所触动和思考。因为无论在生活中还是在创业中，失败是不可避免的常态。

　　创业之路不易，创业路上的追梦人更不易，追梦的创业者可以大胆试错，但我更不想你失败。

目 录

一 外贸公司的"试验题"

小林在香港读完大学之后，对于粤港澳大湾区的未来发展充满期待，所以毅然决然地决定北上赴广州工作，顺利入职了一家总部在广州的从事对外贸易的公司。

由于从小就生长在广东沿海的渔村，生活的不易造就小林性格的坚韧，大概从小学四年级开始就能帮父母做些简单的农活，这样他便早早地体会到了生活的滋味。

尽管他在农村的生活比不上城市的繁华，但生活在农村也有农村的好处，在农村成长起来的小林也能在生活中找到属于自己的乐趣。

儿时的生长环境锻炼了他的体魄和意志，也形成了他乐观、质朴和坚强性格。最重要的他拥有一个温馨有爱的家庭，父母为他们几兄妹的健康成长辛劳地付出，几乎每天早出晚归工作，虽然工作是累了点，但是看到儿女们能够健康地长大，他们也觉得值了。

父亲身上的勤劳与坚韧，母亲身上的乐观豁达，都能在小林几兄妹的身上看影子。虽然小林几兄妹童年的物质生活并不富足，但并不妨碍他们健康快乐地成长。

小林父亲早出晚归地开着船去海上打鱼，付出的辛劳总算得到了回报，打鱼的不易和辛劳的汗水也换来了满载的渔获。

小林母亲不仅是料理家务的能手，也是父亲工作的好帮手，父亲捕鱼挣到了钱，小林兄妹几个也能接受更好的教育。

在海边长大的小林，靠海的环境也在无形之中影响了他的性格，就像小林上初中时听到歌手郑智化的那首《水手》唱的那样："苦涩的沙，吹痛脸庞的感觉，像父亲的责骂，母亲的哭泣，永远难忘记。年少的我，喜欢一个人在海边，卷起裤管光着脚丫踩在沙滩上，总是幻想海洋的尽头有另一个世界。总是以为勇敢的水手是真正的男儿，总是一副弱不禁风孬种的样子。在受人欺负的时候总是听见水手说，他说风雨中这点痛算什么，擦干泪不要怕，至少我们还有梦……"

他之所以喜欢这首歌不仅是因为这首歌朗朗上口，歌词很励志，最重要的是这首歌的描述有着小林熟悉的情景和生活经历，鞭策着自己努力前行。

由于父母亲的勤劳和无私付出，成绩优异的小林大学才能去香港读书。大学毕业之后，本来小林有着不错的继续深造读研究生的机会，但是他还是放弃，果断地选择了工作。尽管当中也有客观的原因，但是其中最主要的原因是他想早一点出来工作赚钱，减轻父母亲的压力，因为他的两个妹妹和一个四弟还在读书，两个妹妹刚刚上了大学。

起初小林的这个想法没有对家人提起过，不过后来他们还是支持小林做出的选择，只是爸妈对他说：做选择决定之前要三思而后行。

所以小林毕业之后没有选择留在香港，固然香港有着不错的工作机会，但是他更看中内地的发展，特别是粤港澳大湾区的经济活力以及未来发展的潜力都深深吸引着他。所以他来到广州工作。小林工作的公司总部在广州，在深圳以及珠三角地区都有分公司，公司的主要业务是从事进出口的贸易。

来广州的第一年，小林不仅在工作中锻炼了自己处理事情的应变协调能力，而且他的才华也得到了上司的赏识，所以来公司第一年的年终奖就比同一批进公司的同事要高一些。但是小林还不能完全熟练并且游刃有余地处理公司部门的事，还需要部门负责人再带一带，多加锻炼。

饭局"砍价"

某天下午两三点，小林打电话去餐厅那里预定了一个包厢，之后就安心工作了，处理自己今天手头上的业务。

转眼间，已到傍晚六七点。刚来广州工作一年多的小林，对广州其他的地方也许不是很熟悉，但是对这家餐厅却是再熟悉不过了。

这一天，城市在繁忙的节奏中拉下了夜幕，小林他们一行人下班后从公司驱车前往饭店。这是贸易公司总经理陈总和东南亚一家贸易公司负责人在一单进出口贸易谈妥之后还没正式签订合同之前的一次饭局，而小林就是公司指定负责这单贸易的主要负责人。

众人下了车，没走几步路就到了餐厅门口。映入众人眼帘的是这家餐厅富有岭南文化特色的设计和装修，进入餐厅的大门，会发现地板还有一些印花的瓷砖点缀着以麻黄色为主体的地面，既保留了岭南文化一部分复古的传统，又有现代化的设计。从室外的传统岭南西关大屋到室内餐厅内灰麻色和白色的墙面相互映衬，即传统又现代的设计感，给人一种眼前一亮的观感。这种既有传统又有现代的感觉，难道不是也和今天的广东人一样吗？既有传统的一面，又有开放包容的一面。

在服务员的带领之下，大家来到一个安静且有文化气息的包厢。包厢周围墙上挂的画是有着岭南特色的，点缀着这个包厢的环境。墙上还挂着一副对联，笔法和结构类似于清末民初广东书法家康有为的"康体"，当然不是康有为的真迹，应该是现代人所写，对联的内容是："胜友如云笑语多，泉清月映酒光杯"右侧落款为"无尘居士书于羊城"。这幅七言的对联和餐厅包厢的环境可谓是十分贴合。

这家餐厅靠近珠江边，不仅菜品可口而且景观好，更赞的是饭店的落地大玻璃窗，可以一览广州塔的灯光和远处的珠江夜景，所以小林他们公司招待重要客户都会选择来这里聚餐。

结束一天忙碌的工作之后，能够找到环境这么美又安静的包厢，真是夫复何求。这家餐厅主打粤菜，而粤菜作为中国八大菜系之一，以做工精美、食材鲜美而味道清淡闻名。

进了包厢，小林安排落座之后，就去张罗着点菜了，在来的路上细心的小林已经询问了大家的口味和偏好，所以小林很快就点好菜了。

大家在包厢里坐着等着服务员上菜，餐桌上还有一些像花生米、拍黄瓜以及海带丝这样的下酒菜，趁着上菜的空隙，大家也聊起来了。

酒桌上，人陆陆续续坐满了，有的人还在低头玩着手机，有的还在手机上看文件，有的在用手机看这几天股票的行情走势……

"这家粤菜馆不错。不仅装修设计有岭南地方文化的特色，而且位置也好。落地的玻璃窗还能看到珠江，还能看见广州塔，难得有这么好的地方。今天承蒙陈总盛情款待，才可以来到这么有格调的餐厅。"

说话的是王总，小林这次负责外贸的单子，就是和王总他们公司合作的，王总本名叫王忠黎，是一家总部位于深圳的外贸公司的部门经理。三十岁出头的小伙子，年轻有为，有才华也有青春的活力。

王忠黎个子不算高，但长得精神，人也帅气，多年的工作经验让他很擅长和形形色色的人打交道。

"哪里哪里，今天是你肯赏光，也很开心，大家今晚能聚在一起。"陈总作为今天的东道主，热情地招待着他们。因为陈总比王忠黎大十来岁，又在饭局之上，所以陈总亲切地称呼他为小王了。

　　菜也陆陆续续地上齐了，第一道是色香味俱全的传统粤菜——白斩鸡；第二道是色泽金红和皮脆柔嫩的脆皮烧鹅；第三道是客家酿豆腐，是粤菜也是客家菜；第四道是糖醋咕噜肉；第五道是清蒸东星斑；第六道是上汤焗龙虾，肉质白皙，鲜美可口；第七道是常见的潮州菜——牛肉炒芥蓝……眼看上菜了，陈总于是就招呼大家开吃了："大家吃，都动筷子，趁热，凉了不好。"

　　"好，大家都请。"众人应和着，这时大家眼看陈总拿起了筷子，便吃了起来。

　　"今天这些菜都是粤菜中常见的菜色，口味偏清淡。广府菜、客家菜和潮汕菜都有了。"陈总说完这句，就让小林具体介绍下菜品。

　　广州的气候尽管四季不明显，似乎只有冬夏两季，但气候宜人，不仅是宜居的城市也是富有商业气息和有着深厚历史底蕴的城市。珠江水不仅灌溉着沿江两岸的农田，滋养着两岸的百姓，发达密布的河网也孕育了珠三角成为中国人口集聚最多，创新综合能力最强的三大城市群之一，珠三角地区的粤港澳大湾区属于国家重大战略支持的对象，粤港澳大湾区也成为能够比肩美国旧金山湾区、纽约湾区和日本东京湾区的世界四大湾区之一。

　　珠三角是广大年轻人追梦的地方，像小林这样的青年人之所以选择前往广州发展，正是看中了珠三角的发展未来。在珠三角这个地区，许多有才华的人不用担心会被埋没，因为是金子总会发光的。

众人在靠近珠江边的这家餐厅包厢内，品着粤菜，喝着美酒，看着珠江夜景，好生惬意。

酒过三巡，推杯换盏，天南海北一顿闲聊之后，陈总借着酒兴对王总说："小王，我看我们这单采购的价格再低些，给一个合适的价格，说不定我们今后还能有持续的合作呢……"说完之后，陈总也稍停顿了一下，其实他想看看对方的反应，并不急着说话。

听到陈总的话，小王心理难免有些嘀咕，他也在琢磨陈总此话的弦外之音，多年在商场上磨炼的经验，能够让他从容地应对，所以他并不急着回答。

酒桌上的其他人，刚刚还在喝着小酒，吃着菜。可是听到陈总说话了这番话之后，都自然地把节奏放慢下来，也想看看陈总和小王各自的应变处理能力。

可是，在一旁的小林以前很少碰到这种情况，所以此刻的他显得很木讷，甚至连手都不知道放哪里才好。其实小林的心里也想让对方把价格降下来。

小王眼神扫过小林落在公司老总身上，不慌不忙地回应说："陈总，和市场上的其他卖家相比，我们公司的价格还是公道的，不过陈总您在价格上有异议，我们还是可以商量的。"多年从事外贸的他能够从容地处理这些问题了，所以他在回答陈总问题时说得比较委婉，也留有余地。

陈总看似留意着杯中酒，其实也在留心地观察着饭桌上每个人说话的内容和神态，他对小王的回答露出一丝丝不易察觉的微笑，似乎对小王的回答表示欣赏和认可。小林本来想趁机插句话，也想让对方把这一单外贸的价格再往下压一压，但小林话到嘴边，刚要张口的时候，陈总又出声了，小林把话硬生生地又咽了回去，结果没说。

陈总说："小王，这一单的贸易价格，小林把详细报价都向我汇报了，你们谈的是一百万，再少五万，九十五万，如何？"陈总看小王的回复没有直接拒绝，就试探性压压价格。

在社会经验老到的陈总看来，价格能降低多少倒不是重点，关键是他想看看对方的价格有没有虚高或者水分。换句话说，他是想看看小林在这一单贸易中有没有把功课做好。

小王眼神稍微瞄了陈总旁边的小林，"陈总，你这有点为难我了，九十五万这压得太低了。我们这一行的利润率，陈总您是知道的，一下子就减掉了百分之五……最多减两万，九十八万，不能再少了"。小王虽然一边回答着陈总，可眼神也打量着陈总的神态和表情。

"小王啊，不要九十五万，也不要九十八万，我看就九十六万。"陈总一边说的同时，手也稍拍了拍小王的肩膀。

还没等小王接话，陈总接着说了一句："来，干杯，话不多说，话都在酒里，喝酒就是回答。"陈总话音未落，便举起来手中装满茅台的酒杯。

小王在混迹职场这么多年，自然明白陈总的意图，也举起酒杯说："陈总，那就九十六万，六六大顺，希望我们接下来的合作也顺顺利利。来，我们干杯！"两人将杯中的酒一饮而尽，饭局上聊天的话题又切回到了饭局开始时的闲聊，谈天说地，从历史地理谈到彼此的见闻经历趣事……

当然饭桌上的小林在一旁目睹这刚刚发生的一切，他也在思考甚至揣测陈总话里的意思，刚刚陈总和小王在对话过程中有几次看似不经意地扫过他，所以小林心里感到纳闷，也在嘀咕，但是他也说不出具体原因。

饭局之后，小林的困惑

饭局结束之后，在回来的路上，陈总虽然略带酒意，但是也没有对小林说什么话。回到了家里，本来忙了一天工作的小林已经相当疲惫了，但还是忘不了酒桌上陈总压价的细节，耿耿于怀。

妻子也从丈夫小林的神色中看出来他的不安和焦躁，细问之下，小林便把今天在饭局上的事一五一十地说了出来。

妻子阿芳追问："还有吗？"说完眼珠还盯着小林，"之前听你说过，这单是你负责的，你也前前后后跟进了两个多月，也是你把报价送给陈总的。"

小林点头，妻子疑惑地瞪着他，"我想陈总应该想要考验考验你的可能性比较大，而且你也是第一次负责外贸，对吧？情况是不太对。"

　　小林结合自己近两个月来的工作，再细细回想起那天饭局上发生的事。现在被妻子这么一说，还真是有那么回事，但还是想不明白，最后只得对一旁的妻子说道："快睡吧，也有可能是我们想多了……"

　　第二天一早，他还和往常一样去公司上班，没有发现什么异常。到了第二天下午，小林回到公司之后，他主要负责而且"谈好"的这一单贸易，非但没有成交，而且他也被公司以"不适合采购"的理由安排到了其他岗位。

　　刚刚入职公司的一两年，小林自以为兢兢业业，认真踏实肯干，他的工作能力也得到了公司上级的认可，所以小林才会被陈总信任，让他负责公司这次的部分贸易业务。

　　事后，小林细细回顾那天饭局上发生的一切：陈总和小王谈价格，短短一两分钟的对话，陈总就把这一单的价格从一百万谈到了九十六万……这次谈价明显的表面的结果就是为公司节省了几万块钱的支出成本。虽然被陈总云淡风轻的几句话就从一百万降到九十六万，但是这次小林主要负责的这单贸易非但最后没有成交，而且公司也不再让小林直接负责对外贸易的业务了。

　　价格明显比小林谈的价格还要便宜几万块，可是为什么结果还没有成交呢？这个问题也深深地困扰了小林。

良哥的"点拨"

这单贸易的价格明明是比之前小林谈好的价格还要便宜四万，也为公司节省了几万块的成本，但是为什么要是不能成交呢？尽管小林之后在公司没有负责贸易业务的工作，但是这个问题也一直困扰着他。

一直到一个礼拜之后的某次公司小型聚餐上，公司良哥的话才让小林疑惑不解的问题得到了答案。

由于刘总监不仅工作能力强，而且平易近人又善于和刚入职的年轻人打交道，再加上刘总监比初入职场的毕业生又大不了几岁，又因为刘总监的名字有一个"良"字，所以小林和其他刚入职的小伙伴们都亲切地称刘总监为"良哥"。所以良哥既是小林他们的领导，也是他们的兄长，私底下良哥也会和他们分享自己的职场经验，以免他们和自己犯同样的错误。

因为在小林刚入职时，就是良哥带着他，小林也在良哥的手下工作过一段时间，这段时间也是小林初入职场工作处理能力提升较快的一个时期。

傍晚时分的窗外，城市川流不息的车辆，都市的繁忙与汽车的喇叭声混在一起，小酒馆的饭桌上，良哥就坐在小林的身旁。良哥有意识地压低了自己的声音，说："小林，你晓得吗？上次陈总在饭局上和小王的交谈，从一百万谈到了九十六万，不是表面看起来的那么简单。"

小林若有所思，也低声询问道："何以见得，还请良哥指点。"

接着良哥一边语气平和、细心地解释，也一边打量着小林的神情变化，说："其实陈总那天的话，是对你是否尽职的一道试验题，考验你是否对这次贸易工作是否尽职，你明白吗？"

我们试想一下，如果公司的贸易业务主要负责人和对方贸易商都谈好了价格，且公司贸易业务负责人也向老总详细汇报了价格。然后老总当着对方贸易公司负责人的面，没说几句话就能把价格往下压一压，那就证明公司这次贸易业务的负责人是没有尽到职责，负责的贸易工作没有做到位，也就是说明之前小林报给陈总的贸易价格是有水分的。

经过良哥的一番悉心点拨和解释，小林更加明白，陈总那天的砍价行为，其实是一道试验题，这道试验题就是为了试验小林采购工作是否尽职，是否做到位了。

和良哥道别之后，小林便走出了饭店，来到了路边。望着来往的车流，远处是城市的灯红酒绿，汽车的喇叭声散落在城市的路上。

路上的车辆是流动的，可是小林的脑子里却是麻木静止的，此刻的小林心中没有想法，只是良哥刚刚说的话仿佛还在耳边回荡。小林用木讷的表情和机械的手势在路上拦出租车，此刻的他没有选择用打车软件，而是选择了在路上拦出租车。

回到了家，他甚至都忘记了按门铃，直接用手敲了敲门，妻子听到声响之后开了门，妻子望着毫无表情的小林，有些心疼也感到纳闷，便轻声地问："你怎么了？怎么看起来不对劲？"小林还是不说话，妻子扶小林坐下之后，贤惠的她便转身去饮水机倒了杯水，端到了小林面前说："先喝杯水，先缓缓。"

小林没接着她的话说，而是在自言自语："怎么会这样呢？在跟进这个贸易项目的时候，我已经是认真对待了，我勤勤恳恳地做了。"

"你真的尽力了吗？"妻子问。小林听到妻子这句话，他也在努力地回想过去的记忆片段，试图回答妻子的问题，停顿了一会儿，便说："在这件事上我有尽力吗，我也不敢说是尽了力。但是我起码没有马虎应付，基本环节都做到了认真。"

"工作上的事，并不是不马虎就可以的，还是要用心。你在接到工作任务之后，你是不是有侥幸的心理？其实在工作中，做事认不认真，用不用心别人是看得出来的。"妻子说的话，也让小林有所思考。

事后才明白的

砍价有时候不只是"砍价"。在生活和工作当中，我们每个人都会或多或少地面对着不同形式的考验。有时候职场上的砍价不只是"砍价"，上文提到陈总在饭局上的砍价，与其说是对贸易价格的协商，倒不如说是陈总对这次公司贸易工作负责人小林的一次检验。

尽管在这些考验和测试当中我们不一定都能够通过，但是我们起码要明白这些考验背后的逻辑和含义，也得在这些考验当中不断提高锻炼自身的应对能力。

面对这些检验，可怕的不是不能通过考验，而是在考验的过程中，不知道自己哪一步走错了，也不明白自己哪走对了。

同样的道理，让我们来分析下。

看完小林的经历，你作何感想？

小林负责的采购，经过饭局上陈总的砍价之后，明明是比原来的报价减少了几万块，为公司节省了开支，结果这一单贸易却没有成交。

回想小林在那天的饭局的事，他似乎也没有什么不妥的举动，那究竟关键是在哪个环节出现了问题呢。

陈总为什么多此一举呢？是他故意为难小林，不想让小林负责的这一次贸易成交么？当然不是，如果陈总一开始想为难小林，就不会让他负责公司这次重要的贸易交易。

同理，让我们换位思考，将心比心。如果小林是处在公司老总的位置，面对初次负责贸易的员工，尽管这个员工前期工作能力和态度都不错，在将来委以重任之前，是否也会考察一段时间呢？

其实陈总在饭桌上的砍价是对小林贸易工作的真正考验，检验了小林在处理贸易工作的各个环节是否认真负责，是否有做好功课。如果小林针对这次贸易过程尽职尽责做好了工作，搜集了市场上同类产品的价格，并且对比分析产品的性价比、性能，和对方厂商谈好了一个合理的价格，那他负责的贸易业务工作自然会事半功倍。

小林对外贸业务的疏忽也让他付出了代价，他也从中得到了教训。所以陈总把小林调到其他岗位上去了，并不是一件坏事，可以在职场工作中不断地锻炼自己、磨砺自己和提升自己。

如果一个公司贸易业务的负责人已经将谈好了价格汇报给公司老总，然后老总几句话就能把之前"谈好"的报价往下再压一压，那就说明公司贸易业务负责人汇报给公司的价格是有水分的，没有做好功课。

作为老总，如果公司今后有更重要的采购需要有人去负责，而这个采购负责人不能从公司的利益出发，认真负责地做好贸易工作。那么，这将会对公司的利益造成不可弥补的损害。

有时几句看似简单的话，不仅能检验出一个人对工作是否认真负责，而且也能反映出他的工作做得到不到位。

在职场面对上级交代的、自己负责的工作理应提前做好功课，认真地对待，起码也要过得了自己这一关，这样不仅是对自己负责，也是对公司负责，这样更不会辜负上级领导对自己的信任和栽培。

所以作为公司负责人的陈总，尽管在这单贸易中明知道这比之前的价格便宜了几万块，却不同意这单成交。那是因为陈总能够站在更高的高度和视野看待问题，看得远，不计较眼前的"小便宜"，他也更明白他需要的是一个对工作用心负责任的员工，而不是贪图一时的小利。

绘图：台湾菩萨蛮数位文化有限公司

二 没有成本预算是个不小的"坑"

子夜，公寓宿舍的灯火还没熄灭，小江的笔记本电脑和两部手机都还亮着屏幕，笔记本和手机的提示声和震动像是不小心按了循环播放，一个接着一个，似乎没有间断过。秒针的滴答声和手机笔记本电脑的提示声的繁忙已经占据了他大部分的生活，小江已经逐渐习惯这个节奏了，因为这样忙碌的夜晚已经持续了两三个月……

小江从大学毕业之后，刚好遇上微商的风口，做微商代理在一年多内赚了三四十万。由于刚毕业没多久就尝到自己创业的甜头，所以他也希望自己下次再创业都能有这么好的机遇和幸运。

在两个多月前小江就已经选好了店址，将近一百六十平方米的店面，在靠近地铁口的商场里面。尽管租金比普通位置多了两三成，但是小江觉得店面附近有商场和地铁口，交通便利且客流量大，所以他也就咬咬牙租了下来。他通过朋友的介绍，找了家装修公司，签好了协议，装修公司团队将于一周后按照小江自己的设计想法开始有序地进行装修。

从打算开始再次创业这两三个月以来，小江开始时每天总是信心满满、满怀壮志、对于自己的未来也有着美好的期待，他也知道创业 99% 的人都会失败，但是也希望幸运之神能够降临在他身上，让他成为幸运的 1%。所以那些天他都在为店铺选址、装修设计、采购材料这些事情而忙碌。

这些事忙前忙后，事无巨细，每天接触各行各业不同的人，小江自己觉得目前生活虽然忙碌，倒也过得充实。可是这种所谓的"充实"是自我感觉的良好，是虚幻的而不是真实的。

在工作了三四年之后，小江还是毅然踏上了创业的路，因为饮食是创业门类中比较热门的，而且再加上自己对于美食感兴趣，所以他选择了餐饮行业作为他创业的方向。

但生活中很多事并不是仅仅因为感兴趣或者喜欢就可以成功，就像很多人小时候的梦想当科学家或者艺术家，也展现出对科学或者对艺术浓厚的兴趣，但不见得他们最后就能如愿从事自己感兴趣的职业。同样的道理，单凭着自己感兴趣去创业，也不见得最后能够创业成功。

苦恼的小江

一

随着手机的一声震动提醒，小江随即拿起放在桌子上的手机，原来是支付宝快递物流的信息，他为开一家以天妇罗为主打的日料店，网购了店面所需的装修材料、餐饮厨具、空调、桌椅……

在公寓内，小江的书桌上还有一堆书，都是关于饮食文化的。那一摞书的书脊上写着:《中国饮食文化》《粥的历史》《中国八大菜系》《舌尖上的新年》《日本饮食文化》《日本料理点菜高手》……有些书很新，没有明显翻阅的痕迹，有几本书不仅有明显的折痕，而且在书上的某些地方画起了圈圈、简要做了笔记。

在工作台的上方还有四个楷书大字：力学笃行，明显能看出学唐代颜真卿的风格。这四个字出自：陆游《陆伯政山堂稿序》，"伯政家世为儒学，力学笃行，至老不少衰"，意为努力学习，切实地实行。这个四个字也符合当下正在创业的小江的心境，他有目标有憧憬，以踏踏实实勤勤恳恳的态度去努力。

小江之前不仅喜欢日本料理，而且还以此为契机去阅读和日本饮食文化相关的一些书籍，他也越来越明白每一个地方的饮食文化的形成背后都与当地的气候、地理、历史以及民俗有着紧密的联系。

在饮食的门类中，火锅对厨师烹饪水平的要求门槛是最低的，甚至可以说没有烹饪上的要求。然而，小江想要做日本料理，这对厨师的厨艺要求还是很高的。当然，在这一点上，小江可以通过聘请日料厨师来解决。所以他在一边在网上购买装修材料的同时，也在物色合适的日料师傅。

小江当然明白厨师水平的高低对餐饮业能够持续下去起着决定作用，所以他想千方百计想要找到一个高水平的日料师傅，尽管之前也有一个日料师傅的人选了，但他还想能够找到更好的。可是找一位高水平的日料师傅，他的薪资自然也不会低，特别是对于刚刚开始创业的小江来讲，更是一笔不小的支出。

二

小江公寓的灯还亮着，手机的微信语音响起了，他熟练地滑动手机，接起了语言电话："hello，老同学，有什么事吗？"

他点开扬声器，急急忙忙地，一边注意听着手机传来的声音，眼睛还等着另一部手机和笔记本电脑的信息，仿佛生怕错过了什么重要信息。真是一心多用。

手机的另一端传来小江熟悉的声音，原来是大学同学小彭打来的微信电话，邀请小江周末的时候出来聚聚。

小江一边关注着笔记本电脑，一边侧身靠近手机，不假思索地回复说："聚会我就不去了，最近太忙了，你们玩得开心……好的，那下次再约，再见。"说完之后，挂断了通话，小江也叹了一口长长的气。

小江又接起了电话："是这样，你们玩得开心点，我实在是暂时抽不开身去参见，抱歉，我们下次再约。"面对另一个朋友的邀约，他还是拒绝了。

小江眼前还有一大摊事等着他去处理，哪能抽得出身来去参加同学朋友的聚会。如果时间允许他也很想去参加这次聚会，毕竟大学毕业之后，大家都很少见面了，难得可以聚一次，可又是实在抽不出空。

三

夜已黑，城市进入了和白天不一样的夜间模式，城市的创业青年却依旧忙个不停。

笔记本电脑和手机也瞬间变得"乖了"，不吵不闹，安静了许多。小江可以喝口水，坐在靠椅上稍微休息一下。但这个时间已经很晚了，等小江忙完今天的事看一下手机屏幕上的显示，已经过了夜里十一点了。

这时，传来开门的声音随即打破屋内的寂静，小江自己才想起来件重要的事情没做。

"我回来了，出差快一个礼拜了，你有没有想我哇。"一身职业女装的妙龄女子略带撒娇的语气对小江说，说话的是小江的未婚妻阿楚，从说话中能看得出她的疲惫。

　　阿楚是做审计工作的，需要经常出差，一年半前通过了注册会计师的考试。他们俩在一起已经快四五年了，也准备结婚领证了。

　　"阿楚，你回来了。出差这么多天，辛苦了。舟车劳顿这个词真是不假。"小江明显能看到未婚妻的劳累和辛苦，今天他忘记去机场接阿楚回来了。"我刚刚煮了挂面，我想你也饿坏了。"

　　"被你这么说还是真是有点饿，我先去把西装换一下，上班的服装下班还穿还真不习惯。"阿楚回到了家，特别是在小江面前就温柔了许多，包括说话也是这样，完全不是在职场的那种状态。

　　"那我先去煎两个鸡蛋，盛好面等你来。"看到阿楚回到了家，小江也顿时放松了些。说完，他们各自又忙去了，阿楚去换了一套居家穿的衣服，小江转身就奔向厨房，熟练地煎起了鸡蛋。他特意煎了两个溏心鸡蛋，那是阿楚喜欢吃的。所以他在煎蛋的时候，特地调了小火慢慢煎。

　　不一会儿，鸡蛋便煎好了，小江顺带用水焯了一颗青菜和半个胡萝卜之后，捞起来轻放在装着面的碗里，端到了餐厅。

　　小江刚要准备喊阿楚出来吃饭，一转身已经看见了阿楚走向餐桌。

　　"你也坐啊，站着干嘛？今天煮的面，蔬菜还是挺丰富的。"阿楚看到桌上小江为她煮的面，心里觉得暖暖的。

　　"我今晚本来想要去机场接你回家的，但是没想到我自己给忘了。"小江话音未落，就听到阿楚说："我知道你最近在忙创业开日料店的事，我知道你忙了。"从她的话里能看得出她是一个明白事理的人，情侣之间最后能够走到一起，生活在一起，相互理解是非常重要的。

阿楚拿起勺子喝了一口汤，吃了一小块鸡蛋。"这汤好喝，有股鸡汤的味道"，听到阿楚这么说，小江还是挺高兴的，"这汤是我用从超市买的鸡肉炖的，加了两碗在挂面里当汤水。"

"你看我厉害吧，哎哟，鸡蛋还是溏心。"阿楚还不忘夸下小江。不过快乐开心有时候也可以很简单，对于此刻的阿楚来说，出差回家之后，有自己心爱的人做的一碗挂面外加一个溏心的煎蛋就是开心的来源。

"我知道你喜欢溏心的鸡蛋，所以我特地为你煎的，趁热吃。"看到阿楚的脸上满足的笑容，在为创业辛苦了一整天的小江心里也美滋滋的，犹如春风拂面吹过，顿时神清气爽。

不过小江也有自己的苦恼，但是他不敢也不想和阿楚说，因为他不想让阿楚为他担心。他不说，阿楚也不问，但并不代表阿楚察觉不出来。

收拾完餐桌，过了一会儿，小江拿起了手机，点开支付宝的界面，看看里面的账单明细，总资产那里的数字也变得越来越少了，店面和租房的租金、店面的装修费用、配套的电器……这些都要钱，而且有些款还没付清。

忽然觉得空气也瞬间变得安静起来，小江也变得沉默了，陷入了苦恼当中。夜已深，人也进入了梦乡。明天太阳照常升起，尽管生活有诸多的不易，但总有新的希望和新的期待。

创业未半而钱快见底

小江为了把日料店开成，前前后后一共投入了八十多万的资金。如果没有找到更多的资金，可能创业未半钱就见底了，怎么处理这个问题一直在他的脑海中环绕，苦苦思索着解决的办法，可他有时候却不敢想得太深入，因为他自己也害怕。这几十万有他自己这些年好不容易攒下的积蓄。还有十几万是家里的父母提供的，还有十万块是阿楚的储蓄。

尽管在开日料店之前，小江从开始有想法和租到店面也有三四个月的时间，他的租金和装修的花费也着实不少。

这天傍晚时分，小江下楼去取个快递，从小区门口往回走的时候遇到了自己的同乡俊哥，一番询问之后，原来阿俊也住在这个小区。

"小江，怎么一幅闷闷不乐的样子？"俊哥打量着小江的神色，低声地并且带着关心的语气问道。

"没什么，俊哥。"小江用自己拙劣的方式想要掩盖过去并且还强装笑意，所谓皮笑肉不笑大概就是他此刻的样子。

"没什么就好，大家都是同乡朋友，有什么就和我说。尽管不一定都能帮上忙，但起码多一个人多一个想法嘛。"俊哥也顺着小江的话说下去，没有刻意打破砂锅问到底。

"你呢？俊哥，这几年你在忙些什么？"

"我啊，从高中毕业出来之后，就在从事餐饮行业，主要是做粤菜。"俊哥笑着说。

小江一听俊哥也是从事餐饮行业的，而且又比自己多了七八年的工作经验。一来二往，两人之间的话匣子也就自然打开了。不过小江今天还有事情要忙，很快又回到自己的公寓忙自己的事了。

原来俊哥和小江不仅是同乡，而且是远方亲戚。俊哥没读大学就出来城市找工作了，期间还有一次不成功的创业经历。这十年的时间里，他从粤菜的帮厨、到厨师，两个月前才刚当上酒店的厨师长。多年从事餐饮业的经验使得俊哥对餐饮行业的理解和把握要比一般人来的深刻和透彻，所谓做一行精一行，术业有专攻。

这是小江开始餐饮创业的第九十一天，从信心满满、满怀期待的创业初期到现在的忙碌苦恼。尤其是现在还没开业，手头上可用的资金也快用得差不多了，他也纳闷钱怎么会用的这么快，究竟是哪个环节出了差错。

小江的窘境与俊哥的提醒

大概隔了两三天，小江和俊哥两人又在小区的门口碰到了。

"小江，上我那喝茶，怎么样？"俊哥问道。

还没等小江回答，俊哥接着说了一句："走，上我那里去……"

俊哥熟练地烧水、洗茶杯、冲茶、泡茶，霎时间屋内充满淡淡的茶香，两人聊起来了。小江把最近自己的遭遇和烦恼都对俊哥坦诚相告，他之所以慢慢放松心理的戒备对俊哥坦诚，是因为俊哥毕竟在餐饮行业工作的经验都比自己长，希望俊哥能给自己指点指点，今后能够避免在餐饮行业里"踩雷"或"采坑"。

俊哥听了小江说了自己资金不足可能很难撑到开业的窘境之后，喝了口茶没有出声，反而沉默了几秒钟也稍微长长低声地叹了口气。

"怎么没提前做好成本预算呢？成本超支得很严重，没有提前计划。"俊哥带着惋惜的语气问。

"我有大概的预算，但是没想到钱花得这么快。其实我有问过从事餐饮的朋友……"小江试图辩解着。

"现在的情况就是到了创业未半而钱快花了完的地步，对吧。"

"差不多，更尴尬或者烦恼的是还没开始营业，钱就已经花得差不多了。比你那个创业未半，还要糟糕一点。"小江自我调侃道。

"没有成本预算的概念，是创业的大忌，也是刚刚开始创业年轻人的通病。我刚刚开始出来工作创业的时候，也是或多或少不可避免吃个没有成本预算概念的亏。"俊哥接着追问："你这次创业的启动资金哪里来的？"

小江不自然地拿起茶杯，手指稍微有些抖动，不细细观察还真看不出来，他抿了抿茶汤似乎想平复自己的焦虑和慌乱，然而这一切都被细心的俊哥看在眼里。

"一大部分是自己做微商代理攒的，还有一部分是家里父母给的。因为做微商代理的时候，运气好遇上风口，尝到了甜头。"小江降低了声调回答着俊哥的问题。

"大部分的人初次创业都是以失败收场的，我当初创业的时候也是也不例外。控制成本支出，做好成本预算是关键的一环。那时候我知道自己创业的钱来之不易，我尽管也提前做好成本预算，可也是现金流也很快用完了，所以我初次创业的结局可想而知。做好成本预算不是一件容易的事，不仅要有这个意识，而且也要落实到每一个环节，每一个产品的性价比都要去了解比较，这也是非常重要的功课。"俊哥耐心地向小江解释。

之后，俊哥也让小江把自己的近两三个月的资金支出详细给他看看，不看不知道，一看吓一跳。有一部分的装修材料、空调、餐饮工具的价格比市场价格普遍高百分之十几二十多，甚至有的贵了百分之四五十，其中两台三匹的空调就一共花了五万多……

"其实创业和我们平常做事是一样的套路，就是从眼界要宽广，有长远的目标，但是光有长远的目标是不够的，那就需要从细节处着手落实了。"小江认真地在听俊哥说，也好像在某一个瞬间触动了他。

之后，俊哥也向他分享自己的亲历过的见闻："现在我们一说到创业，很多人首先想到就是开餐馆，做餐饮，因为这些人觉得餐饮业门槛低、市场需求大。"小江点头,没有说话。

"小江,你有看过 2017 年中国餐饮报告么?中国新开的餐厅一共有 311 万家,倒闭的占 92%,失败的概率挺高的。你租金的支出占到营业额多少比例?"

"没仔细看过餐饮报告。大概占到 25%,所以租金对我来说压力还是挺大。"

"25%,这个比例挺高的。把比例控制在 15% 以下才合理一些。"俊哥帮助小江去复盘他创业遇到的坑,小江知道在成本控制上做得不好,但实际上没想到比自己想到的还要糟糕。

"这样的租金不便宜,你把店面选在哪里?你签订合同了么?"

"我挑了一个靠近地铁口的商业广场,五楼。签合同了。"小江说完取出随身携带的租店合同递给俊哥过目。

俊哥也看得很仔细,但是没有出声,"条款里面有注明可以办理餐饮类别的营业执照,不错。你店面是房东本人来谈的吗?就是一手房东。"

"我当时和房东签约的时候,他说这店面是他在国外的亲戚的,目前不在国内。"

"小江,你被这二手房东给套路了。他这么说就表明他不是一手房东,甚至有可能房东也不是他的亲戚,他就是二手房东,靠转让店租来赚钱的二手房东。你有争取店面的转让权吗?"

"没有,我以为把营业执照顺利办下来就完事了。"

"办餐饮类的营业执照只是基本要求。不仅要确认对方是不是一手房东，而且也要争取店面的转让权，调查清楚再签约。现在不是一手房东，今后正式营业会比较让人头大，投诉、消防和环保的问题都会有的。你没有争取店面转让权，这不应该，就是我们万一没生意不做了，我们还可以把店面转让出去，还有一笔转让费可以收。现在如果生意不好，不做了，我们就只有关门这一条路了。"

"俊哥，有什么解决办法么？不是和一手房东租的店面。转让权没争取是个麻烦事，我们争取不要到那一步。我现在也才没有营业多久。"

"不是和一手房东租的，当然今后可能在办理消防、环保这些证件的时候会比较麻烦，多跑几趟了。二手房东是坑人，但也不是把我们坑死了，下次注意就是了，多留个心眼。"

小江听了点头，不仅感慨："原来餐饮行业有这么多的坑，我一个新手还是注定免不了踩坑。"

"餐饮业确实是有很大的市场，人人都要吃，一日三餐，当然现在不止三餐。但餐饮也是一个食材成本高、人力成本高，前期投入成本偏高的行业。所以餐饮创业在前期就要控制好成本，不要陷入创业未半而钱先花完了的局面。"俊哥还是很耐心地向小江介绍和解释，那是他在餐饮业摸爬滚打多年获得的经验和教训，目的就是让小江能够从中有所启发，少踩一些坑。

这么没有成本预算的概念，购买了比市场价格甚至还要高百分之四五十的产品。在租店上，房东不是一手房东，开业之后会有环保、消防和投诉等一系列的麻烦。租赁合同上也没有争取店面的转让权，店面的租金占到了营业额的 25%，这是一个严重偏高的比例。尽管小江店面的选址不错，有客流量而且交通便利，但是成本的支出和风险的控制都没做好，这也给他带来了很多风险。

一年后

一般餐饮行业的生命周期大概为一年半，小江创业也逃不过这个规律，差不多一年的时间就明显感觉到支撑不下去了，小江这次创业也难逃失败的结局。这个日料店让他亏损了一百多万，只是令小江想不到的是自己这么快就如此清晰地预见了这次创业的失败。

本来他想第二年和阿楚结婚领证的，现在他犹豫了，他担心不能给阿楚一个幸福的未来，也不想让自己心爱的女人跟他受累受苦，他之所以犹豫要不要结婚领证是因为他担心给不了阿楚幸福。阿楚这几年在工作上努力赚钱支持自己创业，在生活上也关心和照顾着自己，两个人在大城市的繁忙中相互依靠。

他在阿楚的逼问之下，也袒露了自己的心声。尽管小江和众多的创业者一样都遭受了失败。但通过赔了一百多万，他也有不少的收获，这些收获是赔过钱、踩过坑才有的经验和感悟。小江创业是失败了，也赔了一百多万，那对他来讲当然不是一个小数目，这里面有家人也有未婚妻对他的信任。正是因为不想辜负这份信任，他不甘心不服输，也不气馁。

我们的反思

尽管小江这次创业失败，但他在试错中学到了经验，花真金白银买来的经验教训总是比较深刻的。小江创业不顺，难得的是他的未婚妻阿楚却没有抛下他或者嫌弃他，她在小江的身边默默地支持他，因为她相信自己选择的男人，相信小江的能力和才华，也相信自己的眼光和判断。

小江的经历，又让我想起了我在台湾听到的一个故事：多年前，我到屏东演讲，认识了一位朋友介绍的知名医师。这医师在吃饭聊天时说，他高中时是一个体育很棒的田径选手，经常在全台运动会中名列前茅。后来，他的女朋友考上大学了，他自己却落榜了。他女朋友认为，他只会体育、田径、赛跑，头脑简单、四肢发达，将来一定没有什么出息，所以就跟他分手了。

这位体育健将、全台金牌的田径选手，大受打击，就开始用心准备、全心全意重考大学。

苦心人天不负。这位田径健将，最后考上医学院，毕业后当上了军医，服务期满后，在屏东地区为民众服务，直到现在……

听到这名医师的故事，我真是感动；因为，他没有因女朋友的分手而击倒，反而越挫越勇、再接再厉、创造出自己最棒的价值！他说："还好，当时被女朋友甩了，否则，他今天就不会是当医生了！”

　　小江和台湾屏东这位医生的经历相比，显然小江相对是比较幸运的，每个人都会经历各式各样、大大小小的挫败，但是挫败是用来励志的，不是用来丧志。人无论什么时候都不要轻言放弃。

　　看完我们小江创业失败的故事，我们也许会笑他“笨”，但是我想说不要笑，我们应该反思自身。从小江创业的过程中，他亲身经历了好多坑，其中大部分坑是他花了代价才明白的。餐饮创业领域，选好门店、租门店是关键的一步。小江在经历过租门店的坑后，才更加明白有时候选择比努力更重要。

　　小江在创业的过程遇到的坑有：首先，与他签订租赁合同的不是一手房东，而是二手房东，这给他在开业之后带来很多本来可以避免的麻烦，有相当大的潜在风险。其次，没有做好成本预算，租金超过了营业额的15%以上，店面装修的购买的材料远远超过市场价格。以及没有在和房东签订租赁合同时争取店面的转让权。因此小江的店，一旦没生意了就只有关门大吉这一条路，不能转让。

　　小江失败的主要原因，没有做好成本预算支出，是我们刚刚踏上创业之路的青年人常常会犯的错，这些创业者的创业领域也许不一定和小江相同，他们采购的具体产品和价格也许也不会相同，但共性是一样的。

　　经历这次创业的挫败，小江更加坚定自己的目标，一次的挫败并不能打倒他。

但是不变的，没有成本预算确实是创业过程中一个不小的"坑"。小江在创业初期对未来的憧憬、期待、信心满满、到后来消沉低落、承受巨大的压力的这一个过程，也是绝大多数创业者必须要经过的心路历程。

现实中，我们能看到那些创业成功的人只是金字塔的塔尖部分，看不到的更多是创业过程中失败而躺下的。

明显小江这次创业遇上最大的"坑"是没有做好成本预算，但是换个思路，即使小江这次做好了成本预算支出，也不一定能保证这次创业能够成功，因为成功的因素是综合而多种多样的，失败的因素总是类似的。

当然，在创业的路上，会遇到餐饮行业的坑还有很多。选择一个好的地址或者地点是非常关键的，换句话说，在租店面的过程也会遇到不少坑，这些坑也让我们创业者花了钱买了教训。

在创业过程中，还有许多虚假的"良好的自我感觉"也是导致每一个创业不能够做出客观判断的主要原因，我们不能把自己对市场的臆想当成实际的市场需求，市场需求是客观的。

不要
轻易
放弃

绘图：台湾菩萨蛮数位文化有限公司

三　错把勤奋当能力

小芮最近简直是苦恼极了，从他创业以来，每周至少工作六十个小时以上，每天不是在工作，就是在工作的路上。他没有偷懒懈怠，也不敢偷懒懈怠，因为他深深地明白他为了创办这个公司压上的不仅仅是自己的时间、精力和身家，还有公司十几个跟着他一起创业的同事，一荣俱荣，一损俱损。

小芮的电商服装公司的销售量最近两三个月可以说是断崖式下跌，公司员工的工资也快到了发不出来的地步了。

"怎么办？怎么处理？"这个问题一直环绕在小芮的脑海里，公司的窘境也让他重新回顾和反思自己之前的所作所为。

他们从创业初始好不容易熬到了扭亏为盈，而因为高估自己的能力，错把勤奋当成了能力，最终导致自己的公司陷入即将破产的窘境。

当然，此时公司内也有和小芮同样苦恼的人存在，那就是小芮的创业合伙人——小加，一个当初指出小芮工作决策不合理的人。

两人从大学开始就是志同而且道合的好朋友，因为共同的目标和机缘，促成了他们两人的创业合作。

他们创业初始比小江开日料店的创业基础稍微好一些，基于"不熟不做"的原则，小芮他们创业的内容还是自己大学所学的专业相关，他们了解服装设计这个行业，服装设计的图纸到出厂的产品中间的每一个环节，他们都是基本熟悉和了解的。

这时的小芮看起来平静，可眼神的忧伤却是藏不住，和公司其他人比起来似乎年纪大了两三岁，和刚刚踏上创业这条路时的自信从容相比，样貌上也多了一些沧桑感。

可是，小芮明明努力勤奋地工作，为什么公司产品的销量却没有起色，甚至还越来越差。这是公司目前的困境，也是小芮苦恼的症结所在。

就业是为了今后更好地创业的准备

在大学毕业的三年后，当时正是电商最热的时候，小芮和自己志同道合的一个朋友小加一起创办了一家电商服装公司。两人在毕业那会就想要创业，但是对电商这个行业了解甚少，更谈不上有电商从业的相关经验。

他们两人想起自己刚毕业那会想去创业的时候，去咨询有创业经验的长辈和朋友们，对方的建议是不要轻易盲目地去创业，比如小芮他们创业的内容是服装设计，他们有大学专业知识的支撑当然不错，但是这远远不够，他们还没有服装设计的从业经验。所以他们没有一毕业就去创业，而是选择了去就业。

两人大学专业都是学艺术设计的，所不同的是小芮学的是室内设计，小加学的是服装设计。小芮和小加两人达成了默契，珠江三角地区著名的服装设计公司是他们投简历就业的首选，他们都投了简历。

那天都投完简历的他们，相约走到了城市的街头，面对高楼林立的城市。小芮也表露对未来的担忧和顾虑，"城市的水泥路太硬，不知道我们能够不够踩得出痕迹，也不知道你我能不能在这座城市里找到了属于我们自己的舞台"。

"怕什么，干就完了。别想太多没有用的。"小加说。

"说不定我们两人还能进同一家公司呢？"小加问。

"不一定，咱俩的专业不太一样。"

"那倒也是，不过倒是看看面试的结果了。我还是希望能够找到一个好的平台，这样能学到更多的东西，工资低一些倒无所谓。小芮，你怎么想？"

"不，工资对我来说还是有所谓的，而且还是很重要的。"小芮举起了手摇了摇表示否定，笑着调侃了小加，话锋一转，表情又变得认真起来了。"业内知名的公司，不仅有大的平台，成规模的专业的管理，也聚焦业界内优秀的人才。我们在那里可以学到很多在学校内学不到的东西的"。

小加本来已经举起手，想要"打"小芮一下，看到小芮这么说之后，手就自然放下了。"就是你说的这个道理，被你这么一说，我知道下一步怎么走了"。

"那你要怎么谢谢我，中午的饭你请客的了。"

"走，潮汕卤水走起，我知道我们学校有家潮州菜味道不错的，专门做潮汕卤水的。这家店的澄海狮头鹅，肥而不腻。"

"被你这么一形容，还真是有点饿了。不磨蹭了，咱们中午就去这家吃。"小芮催着小加快点走，小加喝了杯茶，两人便走出门去吃饭了……

过没多久，小芮和小加他们两人分别进了不同的服装设计公司，他们进的公司都在业界内享有盛誉。因为他们刚刚毕业进入社会工作，公司的环境和氛围，再加上公司的牛人同事展现的能力和才华，让他们各自都很有新鲜感和好奇心，所以他们面对新进入公司后的工作表现得很有干劲。

因为他们有自己的目标，所以过得很充实，他们不觉得自己完全是为了打工而打工。他们想借助在公司上班的这段时间得到，锻炼、提升自己能力的机会。

优秀的公司不仅是工作上班的地方，也是员工学习知识技能和提升自己能力的地方。尽管小芮他们一天的工作时间是八个小时，每周也有双休，但是他们两人在下班之后也没有闲着，也在想着工作的事。

他们也常常思考："以公司优秀的同事处理业务的能力和经历作为参考，假设是自己单独处理会怎么样？今后遇到类似的业务问题，应当怎么样更好地处理。"他们现在的就业是为将来创业做准备的，因为小芮和小加他们尽管没有创业的经历，但是从小在商业氛围浓厚的家庭中成长起来的他们，也听说过很多创业的经历，所以他们创业是要做好准备的，而不是慌慌忙忙毫无准备。

春节期间，他们两人将近到腊月廿八才回到了老家。

张灯结彩喜庆的氛围洋溢在即将过春节的粤东海边小镇上，家家户户，男男女女，老老少少都欢欢喜喜过新年，过年了难免会走亲戚串串门。

大年初二，正是走亲戚串门的好日子。海边的小镇，晚上路边的灯火，人们在沙滩上点燃了烟花，烟花爆竹的声音为节日的氛围增加了喜庆和热闹，平时宁静的小镇也迎来了久违了的喧闹和人气。

夜空中漂亮的烟火，绽放后又落下，瞬间的光彩和美丽不仅点缀着夜空，也仿佛寄托着人们新年美好的愿望。

热闹的海边与夜空，一束束璀璨的烟花在这里如花瓣般纷纷绽放。在海边的孩子成群结队，挥舞着手上燃放的小烟花和站在路边的灯火一样点亮着夜空。

当小加他们看到了正在快乐放烟花的孩子们，仿佛也看到了他们童年的模样。

小加没有走出门口去看璀璨的烟花，而是选择待在自己的家里泡着茶，招待着来家里拜年的亲戚朋友，小芮白天去拜年串亲戚之后，晚饭吃完便来到小加的家里，两人泡着茶正聊着。

不一会儿，小加的表伯来家里拜年了，小加起身迎接，就坐之后，小贺熟练地泡起了潮汕工夫茶：温杯入壶、茶叶入宫、高冲低泡、关公巡城、韩信点兵。所谓"三杯酒万丈红尘，一壶茶千秋大业"，喝茶已经成为小加他们的生活习惯了。

小加的表伯是当地知名的企业家和实业家，在东南亚和美国等地开过工厂，他也是白手起家，靠自己双手打拼闯出自己的一片天地，小加的表伯算是创业成功的前辈了。小加和小芮都有幸和表伯喝过几次酒，尽管他平时话也不多，但这次也对小加他们表达了他自己对创业的见解和建议，所以小加和小芮都非常敬重他。

"表伯，喝茶。"小加给表伯倒茶后，和表伯聊了起来："表伯最近忙什么呢？今年是啥时候回来老家过年？"

小加回想自己第一次见表伯的场景，那时的他还是孩童腼腆羞涩的模样。

随着时间的推移，小加的见识和经历也逐渐增多，面对长辈的时候，逐渐能够大方自然地和长辈交谈，以虚心的态度向有经验的长辈请教。

"我今年廿六就回来了。今年下半年公司海外的订单增多了，下半年从十月份开始都在赶订单。"说完表伯也端起了茶杯喝茶："你们两个也毕业出来工作了，怎么样？"

"还行，我毕业之后去了一个在广州的服装设计公司，工作快半年了，学到不少东西。"小加对表伯说。

"我也和小加一样，去了服装设计公司上班，但不是同一家公司。也是工作快半年，这四五个月来在公司遇见不少优秀的同事和上司，给了我们很多震撼。"小芮和小加的表伯聊了起来。

小加和小芮都对表伯聊起了这半年来的经历，也说出了自己想要创业的想法。主要他们也想听听表伯的建议。

"挺好的，先去工作一段时间，通过就业能学到不少东西。像你们俩这样刚毕业的，将来也准备创业的，现在就业就是为了将来更好地创业。"小加和小芮听了都很有启发，并且微微点了点头表示认同。

之后表伯也提到了并不是所有的人都适合创业，认清自己的位置、客观地了解自己、客观如实地评估自己也是很重要的。

一个优秀的创业者不仅要具备敏锐的商业嗅觉，有独特的眼光，而且要有百折不挠、越挫越勇的心理素质。所以在创业之前，客观地评估自己是不是适合创业也是很关键的一步。

开局不错

又一年过去了，已经有了两年多工作经验的小芮和小加他们正在为他们接下来的创业谋划着。正是有了在服装设计公司这段时间的历练和工作经历，所以当他们踏上创业这条路时，尽管需要面对的困难和挑战依旧不少，但是他们的底气、自信和刚刚毕业那会相比要强得多。

他们两人对于公司的地点，和房东签订租赁合同，非常地仔细和谨慎。避开了二手房东，在租赁时争取到了场地的转让权，公司场地的租金也控制合理。公司装饰上，货比三家，找到了靠谱的装修公司。这为他们节省了不少开支，把钱花在公司发展关键的位置，所谓好钢用在刀刃上，正是如此。

但是两人对销售的这个环节都不熟悉，所以特地聘请了一个人来主要负责公司销售，小芮和小加主要分别负责采购布料联系厂家生产、服装设计。公司经过半年的时间开始逐步盈利，过了两年时间，小芮他们公司还活着而且还小有盈利。

"公司能够活到现在，而且活得不错，离不开公司小伙伴们的努力。"这是小芮在公司创业开始的第二个年会上的讲话。

"按照目前发展的势头，我们公司的上一年的营业额能够达到两百万，只要我们能够牢牢把握住市场需求，而且足够努力明年营业额就能更上一层楼……"小芮依旧自信满满地说着。

他们两个人创业初期总是朝气蓬勃、信心满满的模样，然而为了维持公司能够持续运转，使得公司能够活下去，已然劳心劳力。

公司的办公室内，其他同事都下班了。

"小加，你当初怎么会选择和我一起合伙创业呢？"

"怎么说呢？说好听点就是被你人格魅力影响，实际上就是看中你这个人的人品和才华，尽管你也有不少缺点。"小加说完，哈哈一乐。

"被你这么一说，我倒是有点骄傲了。不过缺点嘛，我自己也知道，有时候太过于倔了，容易冲动。"

自从创业以来，小芮基本每周工作六十个小时以上，很少有休息放假的时候。他是公司第一个来，最后一个走的人，公司的其他小伙伴下班之后，他总会留下来查查公司收入和支出，留心行业内的最新动态和服装的时尚潮流。

繁忙却不见效的日子

小芮最近的苦恼和头疼，起因是半年前，在公司工作了一年多的销售部总监因为自身的原因离职了。销售部可以称得上是公司的最重要的部门了，因为其他部门都要等着销售部赚钱回来"养活"，如果销售部不灵，那整个公司都得喝西北风了。

小芮刚刚开始觉得自己创业的两年多时间来，对服装销售环节和渠道能够清楚了解，能够胜任公司销售的工作，也想借此机会检验自己的能力。

一天，公司的休息室内，大家刚刚吃完中午点的外卖。小芮和小加一边喝着水，一边聊起工作上的事。

"销售离职，现在谁接手处理这块业务？"小芮问，而且刻意让自己的语气变得平静，因为他不想把消极的情绪传给小加。

"这个问题，销售总监没离职之前我就有考虑过了。销售的问题还是需要我们自己亲自抓，不能长久依靠他人。"小加说，尽管他自己负责设计，其实他对销售业务以及公司的发展都有着全盘的考虑。

小芮接着话茬往下说："嗯，道理大家都懂，就是能不能落到实处，去很好地执行了。销售决定我们公司的生死存亡，就算我们的产品再好，如果销不出去，也白搭。公司刚刚起步的时候，我们可以从外面聘人来负责，可是我们要利用这段时间成长起来。"

　　小加听完很有感触，心想："自己主要负责公司服装设计这块，如果再负责销售，必然不能更好地专注在一件事上，把事做精。"

　　经过反复地探讨，小芮在原来负责联系厂家生产基础之上，又负责公司销售的业务。从这一刻开始，他也知道自己肩上的责任重大，一旦公司销售出了问题，会把自己创业的公司推到危险的边缘……

　　小芮每天睡不到五六个小时，早上八点就得出门赶过去公司，看布料联系厂家。在网上收集资料，观察分析同行类似产品的销售、消费者的偏好。总之每一个步骤，他都很想努力地做好，不想有因为自己的原因使得销售业绩下降。

　　小芮回到自己的公寓，已经是夜里十二点多了。此时夜已深，公寓的电梯也变得没那么忙碌，这部电梯也迎来这栋公寓当日晚归的人。

　　自从小芮负责销售之后，每天早出晚归外出跑业务便成了家常便饭，有时候不仅忙到连轴转，而且连饭都忘记吃了。

　　阳光明媚的上午，天气有些热。公司员工照常上班处理公司业务，之后开了一个小会。会上小芮和小加他们决定借助互联网开放的平台投放公司产品的小型广告，希望由此能够增加销量，当然推广费用也不便宜。

　　这次会议没多久，小芮就匆匆打车去纺织城联系厂家、谈价格，约了客户详谈希望可以寻求到更多的销售渠道……

回到公司，窗外的天色已暗下来了，员工基本都走了。但是小加办公室的灯火还亮着，拿出手机一看，已经快八点了。

走进小加办公室，小芮发现他还在电脑忙碌，画着设计图。小加稍微抬起了头，眼神从设计图纸转到了小芮身上。

"今天客户谈得怎么样？"小加问。

小芮拿起了纸杯喝了口水，低声地长叹一声说："没谈成。"

小加继续问："为什么？客户怎么说？"很明显，小加的神情有些着急，急于追问小芮这次去谈生意的结果。他甚至还以为小芮是想和他是正话反说，给自己一个惊喜，结果这次小芮并没有制造惊喜，而是不拐弯抹角地直说。

小芮解释了原因说："对方把价格压得太低了，尽管要的数量挺可观的。"

听完小芮的描述，小加自己若有所思，神色之中也自然透出忧虑来，究竟怎么处理这些问题，他自己也为难了。

"我们得好好考虑这个问题了，究竟怎么处理，找出一个方案来。"小加说。

连续三四月销量下滑得厉害，公司收入少了一大半，然而公司的租金、员工工资支出、机器运转的费用以及投入广告和推广的费用，这些不但没有减少反而增多了。

过了一会儿，小芮觉得有头有些发晕，稍微有些手抖的感觉。刚好办公室有几块曲奇饼干可以将就垫下肚子，就着温水，瞬间桌子上饼干就只剩下空空的包装袋。

看到小芮这么猛的吃相，小加走了过来，盯着小芮问："你今天了几顿饭？"

小芮略作思考状，想想了说："中午简单吃了碗面，时间太赶了，晚上没吃。"

"我说呢，你估计又没吃饱，忘记吃饭了。刚刚看你抱头的样子，就知道你晕。"小加说完，到饮水机旁冲了一杯葡萄糖水给小芮缓缓头疼。

喝完，小芮还调侃自己说："别人肚子饿是肚子先知道，我是头先知道。一忙起来再加上忘记吃饭或者没吃饱就头晕。"

快喝西北风了

小芮从创业以来确实很努力地工作，员工下班了，自己还没下班。不是在公司工作就是在外面谈业务，尽自己的努力去扩大销售渠道，他为公司忙上忙下地付出，公司的合伙人和员工都看在眼里。

可是，他负责公司销售四个多月以来，销售业绩逐渐下滑。公司每个月方方面面的开支又是少不了的，他心里不甘、不解也无奈。如果销售的情况得不到改善，整个公司都快喝西北风了。

小加看了公司近三四个月的营收情况，他也陷入了沉思当中，他甚至有点自责和后悔。如果当初小芮做这个决定的时候，自己能够据理力争，强硬地表达自己的态度，那该多好。

小芮面对的公司出现的危机，他也在想办法解决："当初都怪我，对服装的销售方面，过于自信了，心存侥幸。把自己的勤奋错当成能力了。"

"如果当初我能及时站出来阻止，也许就不是今天这个局面了。"

"我对自己在销售上的能力出现了偏差，我以为看了之前我们聘请的销售总监这么久的时间，就觉得自己就能胜任销售的工作了。销售是一件专业的事，需要花很多时间去学。而我呢？初开始认为销售不是一门专业，门槛很低，谁都可以胜任。哪知道等到我上手负责销售的时候却发现不是那么一回事。"

"术业有专攻，销售怎么不是一门专业呢？如果我们自己能胜任，我们当初就不用花钱去聘请销售了。"

听了小加的话，小芮没有反驳，而是选择了用沉默表示认同。如果是换成是平时，小芮肯定会反驳小加的话，因为小加这次说的也是事实。

"现在我们不是懊悔和自责的时候，还是老老实实地面对现实，想出应对的办法，采取措施。"小加说。

"我想过了，这次公司出现大额的亏损，主要责任在我，我去负责筹钱，让公司渡过目前的难关。"

"小芮，我也有责任，我也会去想想办法。从这个月开始，我就不领工资了，等公司渡过这个难关再说。"

"我也暂时不拿工资了，当下的紧急任务就是调整我们的销售策略，根据市场需求恢复我们公司产品的生产……"

心情不佳的小芮，离开了公司，开着车来到了海边，他每次心情不好的时候总会一个人会附近的海边待着。

之前小芮心情不好或者对前途感到迷茫时，他总会一个人来到海边。站在海岸的大石头上，看看大海的广阔，海浪拍击着岸边卷起白色的浪花，听听海浪的声音。

尽管大海不会说话，但仿佛能够知晓小芮的心境，面对大海的辽阔，心情更静思考更深入。

引以为鉴

无可否认，小芮负责销售之后，没有偷懒，也很勤奋地工作，起码表面看起来是这样的。

但是我们要明白勤奋不一定有用，勤奋也不一定代表能力。

小芮忙到自己没有假期，甚至也忙到忘记吃饭，但是他把勤奋误以为是能力了。

今天的年轻人，勤奋努力的人很多，有想法而且愿意去执行的人也不少，可是并不意味着所有勤奋努力的人都会成功。

在今天创业的浪潮中，有多少勤奋努力而且有想法的创业者，其中又有多少人能够创业成功。

有时候很多的努力只是自己以为的努力，假装的努力和无效的勤奋恰恰只会让人更加焦虑和无助。

在今天创业的大潮中，努力勤奋的人太多了，创业失败的人群中有哪些是不够勤奋和不够努力的。

如果说只要努力勤奋就可以成功，那也把创业这件事想得太简单了。

创业的成功的因素中，个人的勤奋和努力只是必要条件，有了勤奋和努力还是不能保证能创业成功。

正确地认识自己的能力，在自己熟悉的领域内深耕，把自己擅长的领域做精做深。尊重专业的人才，创业需要创造力也需要灵感和想法，但要考虑市场的客观条件。

由以上的例子，我们应该知道：你没有选择正确的方向，甚至是在相反的方向的时候，努力只会让我们离想要实现的目标越来越远。

没有找对方向的努力和勤奋，也会让我们产生致命的错觉。

创业和销售产品是为了创造价值、服务社会大众，一厢情愿的勤奋不是能力，也不太可能是创造价值。如果案例中的小芮，能够对自己的能力有客观的认识，真正了解市场的需求，明白掌握销售的技能，在正确而且符合市场规律的方向，勤奋努力地去做，自然能收到正面的反馈。

更糟的是，明知道没有找到正确的方向，偏要凭借着自己的主观意图去尝试，美丽的错觉只会换来沉重的代价。

俗话说商场如战场。

如果没有找到自己擅长的、适合自己的领域和方向，仅凭借着自己的满腔热情，没有专业知识支撑和对市场需求的客观把握，盲目地去创业或者做生意，就像一个人赤手空拳走上充满枪林弹雨的战场一样。

　　在这个战场上，那些做好充分准备、有装备有武器的人都不一定坚持到最后，更何况赤手空拳呢?

　　在青年创业过程中，类似于像小芮这种错把努力当成能力的例子，还有很多，例如把自己的设想当成市场需求，没有把客观把握市场真正的需求的……

绘图：台湾菩萨蛮数位文化有限公司

四 "我以为"的代价

告别了上班族早九晚五和按步就班的工作节奏，小李在工作两年之后选择了创业，可他的生活节奏也进入了没有假期的模式。

初次创业的人，特别是刚刚大学毕业的人去创业，失败是大概率事件。但也有人总想着成为那一小撮创业成功的人，可他们不曾正视过失败也不曾分析失败的原因。经历过创业失败的小李在创业踩坑的过程中学习到了不少东西，这些正是因为经历过才体验深刻。

这是小李创业的第五个年头了，也是他的第三次创业，前面两次创业尽管以失败收场。但是他也在经验中不断摸索，他的创业公司幸运了撑过了两年，而且在去年开始扭亏为盈，现在的他比初次创业的时候多了份韧性和坚定。

小李的目标

公司总经理的办公室，午后明媚的阳光透过玻璃和窗帘，稀稀疏疏地洒在办公室的地面和墙上。总经理刚刚签完一份文件，没等放下笔，另一旁的电话铃声又响起了。

"我想辞职了。"小李考虑了一个多星期之后，正式向公司提出辞职。

"为什么？公司对你哪里不好？"老板问。

"公司很好，在来公司的这两年里，学习到很多东西。"

"那为什么要辞职？"

"我想通过创业，换另一种方式去生活。就像我们公司的文化理念一样，好的商业一定是更好地服务社会，解决社会的部分需求。我想用在公司学到的理念和方法去更好地服务社会，当然也可以增加自己的收入。"小李解释说。

"看来你是已经做好决定了。"经理一边说着一边在辞职申请上签字，抬起头说："小李，创业不易，如果不行你就回来，公司的门随时为你打开。"经理很真诚地说出这句话。

小李听后也被感动了："谢谢经理这段时间的信任和栽培。我会努力的……"小李走出办公室后处理好了工作交接，其他同事也都在处理自己手中的工作。创业是小李大学开始就有的目标，尽管在此之前的创业之路并不顺利，因为他已经创业两次的失败，把大学期间兼职的积蓄赔干净了，还找自己的哥哥借了十万。但是值得庆幸的是，小李没有那么悲观和消极，他创业的斗志还没被磨灭掉，他还知道自己的追求和目标。

走出公司的门口，小李抬头一望，路上挺立的是一排排的木棉树，红彤彤的木棉花点缀着枝丫，木棉的树干挺拔，树枝有力，像英姿雄伟的战士。

小李从小就喜欢木棉花，因为从小学三四年级开始就知道木棉花不仅可以入药，起到清热除湿的作用，它的花籽可以做枕头，可以说木棉花浑身都是宝。在春天盛开的木棉，红艳美丽而无俗气。

看到此情此景，小李不仅想起了南宋杨万里的那句诗"即是南中春色别，满城都是木棉花"。

其实小李之所以喜欢木棉，和木棉被称为英雄树有关系，清代诗人陈恭尹《木棉花歌》是这样描写木棉花的："浓须大面好英雄，壮气高冠何落落"。

当然，木棉花是南国特有的树中豪杰，它的枝干壮硕，姿态如英雄般顶天立地，也是广州市、高雄市、攀枝花市和崇左市的市花。

望着有英雄气概的木棉树，枝丫上红艳的木棉花，小李心中的倦意仿佛被一扫而空，心中充满了希望和力量。木棉花不仅是广州独特的风景线，它身上的精神品质也和广州这座城市的精神面貌融为一体。

尤其在南方潮湿的回南天，一排排如火焰、如朝霞般的木棉无疑是一道美丽的风景线，点缀着城市繁忙的道路和蔚蓝的天空。站在木棉树下，望着被树干分割的蓝天白云，从木棉的挺拔望向天空的辽阔。

刚刚经理对小李说的那句话"如果不行你就回来"，还在仿佛还在耳边回荡，小李能在经理的话语和神态感觉到他的真诚。

经理之所以对他说出那句话，是因为进公司以来，小李的工作能力都被全公司的人所称道。

经理是爱才之人，小李因为自己的展现出来的才华和人品也值得被经理挽留，但是小李也有自己的目标想要去实现。

尽管小李从公司辞职了，每每回忆起自己在公司经历的点点滴滴还是很有感情，也会感到温暖。

公司同事的互帮互助、上司的关怀指导以及公司经营理念、文化都如润物细无声般影响了小李。

下午，小李从公司回到了自己的家，等他忙完手上的工作，长时间的面对电脑和手机，让他的眼睛产生了疲劳，办公的转椅一转，小李凝望着窗外的春意盎然，小区的绿化中还是有几颗木棉树挺拔着盛开红艳的花儿。

他前段时间就在网络平台上物色地方作为自己创业公司选址，当然他这次创业的合伙人小麦也在帮忙物色。创业这个词尽管听起来比上班要好得多，但是创业也比上班要劳累得多。

创业刚刚起步，凡事少不了自己亲力亲为，亲力亲为不是因为小李和小麦他们自己勤奋，是因为他们想有效地节省成本和开支，把钱花到关键的地方。

创业起步，事要亲身躬行也是积累经验、不断学习和提高自己处理能力的过程。

小李带着自己的憧憬和目标，踏上了创业的路。因为有了前两次创业失败的经验，小李自己变得没有那么浮躁，稍稍能够务实一些了。

第三次创业

从公司辞职之后，小李和大学志同道合的朋友一起创业，注册了一家公司，主要经营电子产品，这和原来公司的业务基本类似。

从事电子行业的这段工作经历，使得小李在公司创业的早期能够少踩甚至避开一些坑，当然里面也离不开有创业成功经验的前辈给他们的忠告：先别急着创业，就业也是为了以后更好地创业。

起码小李这次创业比前面两次创业时的形态和经验要强太多了，但是这并不意味着小李这次创业就能成功。

因为在创业的路上有交了两次"学费"的经验，所以在这次创业初期小李能够避开不少的"坑"，比如提前做好成本预算、购买材料也会货比三家、关注购买产品的性价比……其中最关键的是他也逐渐学会了尊重专业，耐心地请教专业人士的意见。所以在他这次创业的一年多时间里，尽管没有盈利稍有亏损，但是公司还是活下来了。

两年之后，公司开始扭亏为盈了，从这次创业开始小李他们时刻都在想方设法地如何有效地控制成本。因为刚刚开始创业，资金有限不敢也不能请多人，现在公司包括小李自己也不过十来人。

公司的办公室内，灯还亮着，小李和公司的同事在忙碌着。外面是城市的夜空，时不时能看见飞机飞过时闪烁的灯。

"我们公司创办到现在两年多，能够活下来确实不容易，每天都是如履薄冰的感觉，我们十来个人绑在一起，就像在同一条船上。"小李对合伙人小麦说，在小李说话的语气中能够感觉到他的焦虑和压力，也有焦虑之中小小的成就感。

"现在不比我们两人合伙开始创业的时候，我们手下还有十来个员工跟着我们工作。"小麦默契地理解了他的话，也说出来小李心中的部分担忧。

"小麦，现在小额的订单要认真跟进，积少成多，增加我们公司的实力。"

"是啊，小订单也是订单，而且数量还不少。但我们也渴望能接到大的订单，尽管难度不小，但还是要有期待和理想。"小麦说，他和小李经过这段时间的搭档和合作，两人多默契了很多。

"还得努力前行，在风雨来临之前，我们公司这艘小船还得存储足够多的能源动力和粮食，这样的话我们抵抗风险的能力也能增强一些，近期我们是在处理好小订单，争取大订单……"小李说完这番话，小麦也表示认同。

两人各自都回到自己的岗位上，处理好自己手上的工作。

"我们之前做的主要就是小额订单，这些订单虽然单价不高，但是它的数量大。目前我们的小额订单也需要我们好好去经营，我们不能顾此失彼。"

"你想过没有，这些小额的订单虽然数量大，但他的单价利润不高。如果能够接到大订单，和大客户合作，我们公司今后的销路就不愁了。"

"是这么个道理。但大订单哪有那么容易找呢？眼下我们公司还是得靠这些小订单过日子呢。当然，我们也不是说不做大订单了。"

小李拿起桌子上的水杯，讲话讲得喉咙有些干了，喝了半杯水润下喉："小麦，现在公司的小订单，我们先做着，形成我们公司自己的口碑。不过我们还是要有目标的，接到大订单就是我们的目标。"

为了能过早日能够接到大订单，小李对自己公司的电子产品的市场、产品定位以及后期客户的开发都做了详尽的梳理。

"参加展销会，也是我们打开销路，拿到大订单的途径之一。"

"参加展会确实能给我们带来销量，让我们能直接面对我们的客户。可是，小李你想过没有，参加展会租金和其他费用也不少。对我们公司现在的规模来讲，还是觉得不划算。"小麦不同意小李靠参加展销会来获取大订单的方法。

"我也知道，以我们现在的情况，参加展销会是最费人力和金钱成本的，可说不定还有机会能接触到大客户。"小李停顿了一下："我知道公司现在的情况，我也更想寻找优质的获客途径。"

"我知道你想尽早获得大订单，可这个也急不来。我们想想别的方式吧，除了参加展会还有其他途径。"

"我知道你说的成本问题，但我还是想试试，我去看下展会的报名流程，顺便了解参加展会的租金。"小李还是依旧不死心。

"那我们就试试看，其他在网络平台上获取客源的方式也尝试下。"小麦认真地说出了自己的看法。

"明白，国内外的几个平台，都把我们公司的产品安排上去。"

为了能与客户直接面对面地进行交流，小李参加国内知名的展会，尽管这是有效的途径，但展销会的缺点就是比较费时间和金钱，所以他们在展销会上不敢投入过多的成本。而是选择了在国内外各大知名网站上发布自己公司的产品信息，当然这些平台不全是免费的，而付费的平台效果要比免费的要强。

经过了两个月的忙碌和努力，公司终于接到了一个不小的订单。金额还是相当可观的，单笔金额能够达到五十万左右，因为这个订单的单价是平常收到的订单的十几倍。

这尽管算不上很大的订单，但也是小李他们创业以来接的单笔金额较大的一单了，所以小李组织公司的员工开了一次小会。

"今天组织大家了参加这次会议，是主要因为我们公司接了一笔不小的订单。接下来的几周时间，大家会比较忙甚至会加班，希望大家做好准备。"

小李在公司会议室上动员了大家，最后说了一句："接下来的具体工作安排就由麦总给大家详细说明。"说完，会议室内响起了热烈的掌声……

经过公司全体工作人员一个多月的努力，这笔不小的订单总算是顺利完成了，一个多月的时间，整个公司忙上忙下，不过总算有收获。通过这笔订单，不仅公司赚到了钱，而且锻炼了公司处理和应付较大的订单的能力。

是大单也是大坑

因为上一笔五十万的订单不但积累了经验也增加了实力，使得公司员工的能力也得到了锻炼，所以找到他们公司来谈合作的人也比以前多了不少。而没过多久，上次五十万订单的合作者又有合作意向，希望能够进行有进一步的合作。

经过几次的磋商，因为有了上次合作的经验，合作意向达成还是比较顺利。对方付给小李他们三成的预付款，一共六十万，也就是说这笔订单总价两百万。

因为接到这么大订单，公司的十来个人都比较兴奋，尤其是小李和小麦更是笑得很开心。

"没想到，经过这半年多的努力，我们公司也有能力接到单笔两百万的订单了。"在公司办公室，小李脸上带着几分笑意对小麦说。

"是啊，这离不开公司每一个人的努力，但是还要谨慎认真地处理好这一单生意，给我们的合作方留下好的印象。"小麦这样对小李说，尽管内心也很高兴，却没有像小李那样得意忘形。

因为这一单价格是两百万，所以小李他们几经周折找到了业内比较著名的厂家来替他们生产加工这批产品。因为是业内知名的厂家，小李在看完他们的产品质量之后觉得是可以放心的。

"做这个决定我们还是要谨慎为妙，毕竟两百万对我们来说不是小数目，还是要提前了解和确认厂家的技术和管理水平。"小麦作为公司合伙人在一旁善意地提醒了小李。

"这个厂家在我们业内可以说是相当知名了，我认为他们完全有能力能够生产出符合我们要求的产品来，没问题的。"小李反驳了小麦的话，甚至他认为小麦的想法是多虑。

"还是谨慎些好，起码要去他们工厂或者生产线实地考察好一些。这样仓促做决定不对，万一出什么意外呢！总之，这批货我们不能掉以轻心，毕竟是个大订单。"小麦是坚持对小李劝说。

"我们都看过他们公司产品的样品了，质量上也做了测试。对方厂家都和不少著名的品牌都合作过，我认为一定没问题的。我认为你这次真的多虑了。"小李还是听不进去小麦的话，依然坚持他自己认为的看法。他一边对小麦提高音量说着，生怕小麦听不到，还一边比画着手势。

"你不要太激动，总之要谨慎。按照流程进行检查，每一个环节都不能疏忽和大意。我知道我的话有点啰唆。"

"我知道，会小心谨慎的。"小李很不耐烦地说，因为这个订单是他费了九牛二虎之力拿下来的，自己觉得有点兴奋，而且很有成就感。但是他把小麦的话当成了唠叨，所以会显得很不耐烦。

小麦看到小李这样的说辞，也不再坚持什么，和这个业内著名厂家签订了合同，很快便投入生产了。

过了一个月，细心的小麦提出要坚持定期对产品进行质量检测。可是，不测不知道，一测吓一跳。

"经过机器检测，这产品的参数和质量达不到我们要求的标准。"小麦一脸严肃地对小李说，小麦拿起了产品的检测数据递给到小李面前。

小麦是一个理性的实在人，事实的说服力远比言辞要强，所以小麦让小李自己看，此时小李自己则选择了沉默。

公司办公室内的空气忽然间都变得安静了，小李脸上的笑容也不见了。他上手拆着厂家发来的产品，对小麦解释说："可能只是有一两个是不合格的，其他的产品再测一测。"

经过几轮测试时候，机器显示的数据和第一遍测出来的相差无几。小李之前认为小麦的"多虑"变成现实。小麦也知道事情已经发生了，过多地责备小李也于事无补。

小李看着检测机器上的数据，整个人完全懵掉了，脚开始变软了，甚至觉得整个公司的天花板变得旋转起来了。

小李嘴里还在喊着："为什么我们业内知名厂家生产出来的产品，质量会不合格。这个厂家这么出名，而且他们拿过的样品在机器上检测都合格，为什么这次产品的质量机器检测出来都不合格……"

小李完全不解，陷入深深地苦恼和无助，这一年公司接的所有活都白干了，而且亏损了将近两百万。他也在苦苦地思索着，也曾经扪心自问过自己创业的初心是什么？自己当初为什么选择创业，还不是为了证明自己能力，不想一辈子打工吗。小李也有自己的理想和目标，他太想通过创业去证明自己的能力，不想重复过去单调的生活方式。

"小麦，我对不起你，是我大意了。"小李懊悔地对小麦说。

"现在不是道歉的时候，咱们还是想想咱们解决问题吧。这一次咱们公司是踩到坑了，而且差点把我们公司坑到破产了。"小麦没有过多责怪的意思，平静地对小李表达了自己的想法。小麦是一个靠谱的实干派，关键时刻不啰唆。

"我还是很难面对自己，第三次创业还是会遇到这么大的坑。"小李的话变得消极了，人也失去了往日的神采和朝气，状态就像一个泄气的皮球。

"你说我在创业前，也有几年的工作经验，学到了不少经验。可是这次创业还是摔了一个大跟斗。"小李疑惑不解地说出了这句话。

"是的，我们之前的工作经验使得我们社会阅历能够更进一步认识自我、了解人与人之间的关系，知道怎么样和其他人打交道。但是有了工作经验，还是不能保证我们创业就不会踩坑，不意味着我们创业会成功。"小麦解释说。

"我知道尽管我们不愿意去承受创业的多次失败，可是公司这次摔了大跟斗主要责任在我，我会尽力去弥补。"

"创业不是一帆风顺和能够一举攻坚拿下的。我也给你交个底吧，我们公司的小订单说不定能帮我们填这个坑，但是不一定能填好，但起码公司能活下去。而我们公司活下去的代价就是我们公司差不多两年白干了，大概是公司两年营业收入。"小麦不想看到小李一味地消沉下去，所以他反而有点劝解小李的意思。

事后，夜深人静的时候，小李辗转反侧，久久难以入睡，也在思索之前的自己做得决定。

四周静悄悄的，小李觉得心里空荡荡的，全身感觉哪也不对劲，他心里自问：我在哪里？我怎么在这里？

窗外的月亮很圆也很远，月光柔柔地洒下它的光辉，一抹月光触碰到了小李的双眼，再望望四周，他才猛然发现是在自己家的房间。

此时他抬手看手表，已经是凌晨一点半了。

看看外面的夜色，温柔的月光顺着城市的建筑缝隙泄下，在淡淡的倒影下形成斑驳的组合，窗外的树叶在风中轻盈地摇曳着。

创业初期的每一步，都要有思考，所决定的每一步都不能脱离市场的客观需求。他自己也知道创业是一场有风险和有挑战的长征，也知道创业以失败收场是大概率事件，但此时他自己还是不能正视失败，甚至有些害怕失败。

他们想去总结失败的经验和教训，可还是不能提起勇气去大胆地面对。

对小李和他们的公司来说，这是一单令他们欣喜的大订单，也是他们遇到的"大坑"。因为小李有太多"我以为"导致了自己失去理性的判断了，在我们得意忘形的时候，却不知道危险却悄然随之而至，大概这就是"我以为"的代价。很多创业的人总是喜欢沉浸在自我的世界里，不愿意也不喜欢看清现实，说实话尽管认清现实会让人不高兴，可总比呆头呆脑地去创业要强。

代价与教训

在这个案例中，小李有前两次创业失败的经验，所以在创业初期自己能躲过不少的"坑"，也让公司扭亏为盈。这是他之前在公司打工的时候积累的经验，前两次创业的失败和挫折，锤炼和提高了他们的情商，完善了其对社会、人际关系的认知。

可是在公司开始扭亏为盈之后，小李的人就变得飘了，一心想着把公司做大，想着如何才能快速拿到大订单，赚到大钱，甚至有点想着一夜暴富。

殊不知真正的创业者是实实在在地做产品、用心地经营，不会是一夜成名的妄想或者是一夜暴富的妄念。

　　当身边有人有善意的提醒，他总是认为别人的担忧是多余的，也总是认为自己的判断是正确的，最后他也为自己的"我以为"付出了代价，不仅这单生意赔了将近两百万，而且甚至把公司带到了破产的危险边缘。

　　和小李一样因为"我以为"踩坑的创业也不在少数，有时候"我以为"让创业者忽视了市场的需求，主观性太强而不能把精力放在如何把产品做精上。

　　在创业过程中，我们切忌不要盲目地自信和跟风，不要迷信"著名厂商"，不能因为是业内知名厂商就可以毫无保留地信任对方的产品质量和管理水平，他们的产品质量和水平是需要我们认真地去验证，而优秀企业的优质产品是不怕被检验的。

　　故事中的小李之所以会踩到这个"坑"，而且被这个"坑"摔了一大跟斗，就是因为自己盲目地迷信"业内著名厂商"而失去理性的判断。

　　创业能成功的人并不是脚踏祥云，而是劳心劳力地做事。

　　创业是一个自我修炼，直面自己内心的过程。

　　当然创业的路上也会有很多的诱惑，很多人会忘记创业的初心，也忘记了自己当初为什么创业，创业的初心有时候并不是一个具体的目标，更多的时候，创业的初心是价值观的体现，会伴随着创业的整个过程。

　　懂得公司的管理，做接地气的实事，脚踏实地不浮夸地坚持，和时间做朋友。人人都会面对或大或小的失败，所以能做成事的人也不例外。他们也经历过挫折和坎坷，但他们在失败时并不会毫无节制地放纵自己，相反而是静下心来思考。

创业者不仅需要有创业初心和对市场有客观的把握，而且最重要的是保持锻炼，不会轻易说放弃。

保持体能，创业是一场马拉松，不要以暂时的成败去定义一个人的一生。创业者遭受失败时不能一味地放纵，历史上那些能做成事的人，都是体力和脑力的强者。

别盲目地 自信 和跟风

绘图：台湾菩萨蛮数位文化有限公司

五 "大方"的客户跑路了

做生意的人总是喜欢大方的客户，不喜欢难搞的客户，因为遇上大方的客户总是一件令人高兴的事。

可是，这现实生活中，做生意的人哪能那么容易遇上大方慷慨的客户。话虽这么说，从事海鲜食品贸易的小周近期就遇上了一个大方的客户，所以他最近可谓是春风得意。

可是，越是自我感觉良好的时候，越是危险的时刻。一心想成功，便会忽略周围的许多风险。人一旦沉迷于一时的自我满足的成就感时，许多潜在的风险就会由可能性变成事实。

大方的客户找上门来

小周是一家从事海鲜食品贸易公司的经理，从刚刚开始出来社会工作到现在，从基层工作人员到如今能够独当一面的经理，能够娴熟地处理公司的业务，他用了七八年的时间。

由于小周在公司领的不是固定的工资，而是有分成的。他不觉得自己完全是在打工，多劳多得，所以他工作得非常积极和卖力。他十八岁就出来打工了，在海鲜这个行当也有将近十年的光景了，他的第一份工作是在上海，也是做海鲜，之后辗转去了杭州、温州和广州，但是都是他同一个海鲜公司，因为总公司在这几个城市都有分公司。

还记得初到上海，小周总会想起童年时期对他影响深刻的电视剧《上海滩》。他依旧清晰记得《上海滩》主题曲的歌词："浪奔，浪流，万里滔滔江水永不休。淘尽了世间事，混作滔滔一片潮流……"也是这部电视剧为小周描述了上海的最初印象，那时他也觉得黄浦江会掀起来滔滔浪花。

当他初次看到黄浦江的时候，面对平静的黄浦江水，才发现真正的黄浦江和电视剧主题曲歌词描述的不一样，黄浦江不会起浪。只有当船只航行的时候，才会泛起浪花。

上海有"十里洋场"之称，上海也是近代中国最先接受西方文化的城市。在上海工作的这段时间里小周增长了不少见识，领略了上海商业和人文的环境。上海，是一个让有才华和有梦想的年轻创业者有机会实现自己的理想和抱负的地方。

在上海工作一段时间之后，小周又被总公司调回了广东，然后先后去了深圳和广州工作过一段时间。广州、深圳也和上海一样，都是创造一个个商业奇迹的地方，有包容性的鼓励创业的环境，是国际化的大都市。

小周从海鲜食品贸易的基层开始做起，在工作中积累了经验，从简单的海鲜打包发货和卸货，还要时时留心海鲜池的水温，了解每一种海鲜生存的水温条件等。当然海鲜行业的上班时间也不同于其他行业，二十四小时都要有人在值班。他不仅吃苦耐劳而且也愿意思考动脑筋，所以他现在是这家海鲜食品贸易公司在广州的部门经理，算是公司的中层领导了。

社会上每一个人成功都不是无缘无故的，小周能当经理也是自己的能力和才华得到了公司上级的认可。

夏天的太阳总是特别早地出现，小周也起得早。他像往常一样，早上六七点起床洗漱，再到楼下简单吃个早饭。经过三四百米的天桥，天桥下的马路也开始逐渐忙碌起来，路过天桥时还能看到准备去上学的中小学生。再走多三四分钟便到海鲜市场大门口了。

走在路上，小周望着飘着白云的天空，不一会就走到了海鲜市场，有好几个公司的门口都停了辆载海鲜的卡车，员工正在忙着卸货，然后把海鲜捞到了海鲜池里。也有的员工在公司里面忙着打包发货，紧张有序地进行着，空气中弥漫着海水和海鲜的味道。

距离到公司还有二三十米距离那样，小周就远远地看到有个西装革履、身材笔挺的男士走进自己的公司。看到这样的情况，小周三步并作两步，自然地加快了脚步的速度，转眼间已经到了公司门口。

到了公司之后，小周有没有像平常一样立马清点公司的产品和销售的情况。公司的员工依旧为联系客户、清点产品和出货进货忙上忙下的模样他都看在眼里，他在来公司的路上细心留意着公司员工的表现和公司的进货和出货。

公司的员工一边陪着这位西装革履的客户参观，一边还熟练地介绍公司的海鲜产品以及海鲜的品质、产地，以便让客户有基本的了解。当员工正在向客户介绍产品的时候，小周也从容地走进了公司。

"你好，这是我们分公司的经理，周总。"员工嘴上说着一边向客户介绍，一边做手势示意。

"你好，周总。我是某星级大酒店负责海鲜采购的，这是我的名片。"这位帅气的客户说着就掏出了自己随身携带的名片，递给了小周。

"你好，廖先生，请多关照。"小周也拿出了名片进行交换，双方很友好地握了手。原来廖先生的名片是淡淡的金黄色，有些耀眼，看起来非常上档次，姓名是宋体字印刷在上面，让人印象深刻。

经理小周凭借多年来在生意场上摸爬滚打的经验，经过一番介绍之后，廖先生也有下单成交的倾向。

"我们这次来购买这一批海鲜产品，主要是产品的品质要过关，价格上好商量。"客户廖先生的眼神迅速扫过公司海鲜池和经理小周，用云淡风轻的语气说道。他这样的语气很容易让人产生这样的错觉：就是产品质量要好，价格上贵一些无所谓。

"廖先生，我们公司是经营了二十来年的老字号了，所以我们产品的口碑在业内是有目共睹的，产品的质量问题，您请放心。"经理小周解释道。

客户廖先生听了之后点点头，经过一番磋商，确定了产品数量之后，他异常爽快地付了全款。尽管廖先生这一单的成交额并不高才两万元，但是能够达成交易，经理小周和他的员工们是很高兴的。

廖先生付完款之后，就匆匆离开了公司，小周难得看到这么大方的客户，所以他就亲自送廖先生出来，走没几步路，转眼间他们两人已经快到海鲜市场的大门口了。海鲜市场门口出来就是马路，热闹非常，海鲜运输车和其他车辆来来往往，他们两人也停下了自己的脚步。

"周总，你把这次的货物尽快打包发货，直接送到我指定地址就好。"廖先生对身边的小周说。

"没问题，我们今晚打包完成就给你发过去。廖先生，今后还请多多关照。"小周带着微笑对廖总说，显然能看得出他心情愉悦，有生意做有钱赚人当然高兴。

廖先生走后，员工阿东高兴地对小周说："周总，这个客户不讲价，很大方。要是我们公司经常遇到这样的客户就好了。"

小周听了阿东的话，笑了笑，没说什么话，但是也能从神态中看出他的认同和喜悦。今天他的心情确实不错，尽管忙是忙了些。

客户再次登门

大概过了一个星期之后，廖先生又来到了小周的公司，这次廖先生的装扮依旧是笔挺的西装，不过和上次相比，衣服的颜色稍微换了。

由于上次廖先生付款时的慷慨大方，给小周他们留下了深刻的印象。所以当廖先生走到门口的时候，小周就连忙起身往廖先生走过来，自然地伸出了手，和廖先生握手寒暄了一番。

"上次我从你这里买的海鲜产品，我们的客户体验普遍都反映不错。"廖先生表示。

"谢谢廖先生的认可，我们公司在业内的口碑也是数一数二的。不知道廖先生这次来是有何贵干？"小周问了问西装笔挺并且发型锃亮的廖先生。

"这次主要来贵公司这里看看有没有质量好而且比较高档的海鲜产品，如果有合适的，就在周总你这里进货了，省得我再跑来跑去了。"廖先生有条不紊地对小周说道，看似漫不经心的但实际上非常认真。

"有的，我们公司的海鲜产品就是走中高档路线，不仅质量非常不错，而且性价比也想到高。这是我们公司昨天刚到的海鲜产品，你来看看。"经理小周连忙接上廖先生的话，并且非常耐心地介绍起公司的产品。

"你们公司比较高档的海鲜产品，哪些是比较畅销的。"廖先生问。

"你看，这是我们公司比较畅销的澳洲龙虾、波士顿龙虾以及进口的阿拉斯加帝王蟹……"

过了一会儿，小周把账单列表明细递给廖先生过目，廖先生简单地扫过一眼说："不用详细看了，周总在业内的口碑人品是大家都称赞的。我来之前已经了解过多家公司，所以才选择周总你这里。"

周总说："谢谢廖先生，一共是九万六千八百元。"

廖先生听了之后，再一次非常爽快地付了全款之后，对经理小周说："还是把这一批海鲜直接运到上次的那个地址。"

小周愉快地说："没问题，我们会尽快打包。"

小周陪廖先生走出了公司，过了一会已经到公司楼下。廖先生的手稍微示意，一辆劳斯莱斯缓慢地朝廖先生驶过来，停下了。廖先生随即打开车门，坐上了这辆豪车，随后车窗降下，廖先生说："周总止步，不用送了。"

"廖先生，慢走，这批产品会尽快包装好给你发过去。"小周随即招手，目送廖先生的车远走。

回到的公司，小周依旧像平常一样的工作，清点海鲜产品进货出货，核算账单，他今天最主要的任务就是把廖先生订的海鲜产品打包，公司的员工工作的节奏很快也很有效率，所以经过半天的忙碌就顺利地给对方寄过去了。

这两三个月是旺季，员工不仅有基本工资而且多劳多得，所以大家工作不仅卖力而且热情高涨。刚刚把海鲜打包好的同事阿东说："和这样的客户打交道，不费事。"

"现在大家用心干活，公司多接单，大家的收入也会越来越多。"小周鼓励大家伙说道。员工们听到经理小周的话都显得很高兴，其他同事干得也很卖力，哪个打工的不想涨工资呢，能涨工资当然高兴。

我忘记带银行卡了

过了三四天后，小周公司的员工像平常一样依旧在公司忙碌，而且大家很有干劲，整个公司看起来虽然忙碌，但却运行有序，分工明确。

员工不仅要负责海鲜的卸货、打包寄货，也要帮忙打理公司的经营，有时海鲜运输车来货多的时候，不仅是员工，甚至连小周这样的经理，也要撸起衣袖亲自下场和员工一起卸货。

正午时分，阳光明媚，此时的小周正在全神贯注地核对账单，在公司的文件上签字。一抬头看到公司门口走进来一个客户，小周一看立马就认出是谁了，正是前两次来公司购买海鲜而且付款非常大方的廖先生。经理小周走出办公室，前去迎接廖先生。

"廖先生，欢迎光临。"小周高兴地上前和廖先生握手。

"周总，上次我从你这里买的海鲜产品，大家的反馈很好，消费者顾客反映都很好。如果你这边的产品质量稳定，我们酒店今后的海鲜就在你这里采购了。"廖先生说。

"廖先生,请放心,海鲜品质上我们是非常有信心的。"小周回答廖先生的话。随后,廖先生拿出随身携带的海鲜产品的清单,里面详细地列着海鲜的种类、所需海鲜产品的重量要求、具体数量……

小周接过廖先生手中的清单浏览,这一次海鲜产品的总额将近有八十万,小周自己心中暗喜,但是还不能表露出来。所以他稍微沉默一两秒,平复了自己的情绪后,对廖先生说:"这次你需要的海鲜不少,明天中午打包稳妥给你寄过去,好吗?"

"尽快寄过去,越快越好。"廖先生回答小周的话,右手掏出钱包,准备拿出银行卡,手忙脚乱地找了一会儿,对小周说:"周总,我今天出门忘记带卡了,不好意思。要不这批海鲜等我把钱汇过来,你再发货?"

"没事,我们也不是第一次做生意了。我们会把这批海鲜给你尽快发货过去,货款等你回去之后再汇给我们也行。"小周担心会失去廖先生这个客户,心里也着实不想失去这个大订单,所以他很快答应并且把这批海鲜给廖先生发货。

就这样,小周他们辛辛苦苦忙活了大半天,把这批价值八十万的海鲜包装好,给对方寄过去了。

两天之后,对方还没打钱过来,也没有打电话过来公司说明情况。小周确实不放心,所以他按照廖先生名片上的电话拨号打了过去,可是手机提示打不通,小周心里泛起了一丝不好的预感,有一些疑问在他心里起了斗争:"廖先生不会是个骗子吧?这笔可是将近八十万的产品,被骗了我至少几年算是白干了。"

"不会的，他不是骗子，可能他手机没电了暂时无法接通，要不他上两次来买海鲜，付款时不会非常大方豪爽的。所以他不是骗子。"这几个想法都在小周的心里反复出现，不同的想法之间仿佛也在斗争，慢慢地他自己变得害怕了。

经理小周在两三个小时里打了三四十通的电话，对方的电话没有接通。他还依旧不死心，自己跑过去对方留下的地址，亲自去问，结果得到的答案却没有姓廖的一个人。很明显，这个看起来很大方的客户跑路了，就是这么没有征兆和自然地跑路了。

这次小周彻彻底底被人骗了，一共损失了将近八十万。小周自己懊恼，也后悔，整个人变得晕晕沉沉的，不知所措。

这天整个公司的氛围都显得异常的凝重和压抑，大家除了工作不敢再说其他的话，八十万相当于小周两三年的工资，尽管他不用负全责。但也是因为他才会遇上的坑，他陷入深深的自责和懊悔当中，然而却于事无补。

第二天上午，小周被上司叫去办公室了。

这天窗外还淅淅沥沥地下着小雨，雨滴划过窗户上的玻璃，停下成了水珠，窗外依旧是拥挤的车流，汽车的喇叭声与海鲜市场门口的热闹忙碌地交融在一起。

小周自己心虚了，担心自己会被公司炒鱿鱼让他直接走人，或者严重点不仅是炒鱿鱼而是让他全额赔偿。小周心里这么想并不是没有道理的，确实自己做错了，没有看清楚让客户跑路了,而且是卷货跑路。因为自己的疏忽导致了公司这次的损失,怨不得别人。

来到了总经理的办公室门口,小周轻声地叹了口气,缓慢地轻轻地敲了门,便传来了罗总经理的声音,小周顺势推门而进。

"总经理,我来了。"小周不敢多问,因为他已经猜到总经理为什么叫他来自己的办公室。

罗总经理签完手中的一份文件,便停下了笔,没有立刻说话,而是选择了望着小周。"怎么会搞成这个样子,遇上这档事,你平时还是挺机灵的。"

尽管他心中有千般的不愿意,但是面对上级,小周还是选择坦诚并且详细地交代了事情的经过。"总经理,我愿意承担这次的损失,公司对我做出的任何决定或者处罚我都欣然接受。"

"这次的事是应该让你长点记性,不然记不住。你太急躁了,顾头不顾尾,将来怎么能担大任,成大事呢。"总经理并没有像小周预期的那样发火,更像一个师长般耐心地指出他的错误。

"我事后也反思过我之前的做法,确实是操之过急。总经理,我请求辞职。"总经理没有过多地责骂小周,反而让小周心里更加难受,他知道明明是自己受骗上当了。

"现在就想辞职走人,当逃兵吗?"总经理瞪了他一眼。

"不是,我不是逃兵。总经理,我是惹这么大的事,我是没脸在公司待下去了。"小周还是不敢直视总经理的眼神,此刻的小周心中有愧,显得底气不足。

"是该让你长点记性了。现在给你两条路，一是当逃兵，收拾好东西走人，二是留下了继续工作上班，但是第二条路就是你这两年的年终奖是没有了，工资照发。就这些，你可想好了再做决定。"总经理变得严肃起来了。

"谢谢总经理，谢谢。我没想到公司能让我继续留下了工作，我愿意承担这次的损失。拿基本工资，我没问题的。"小周愿意承担过失，认错的态度也不错，所以总经理知道了小周的事后，生气归生气，但是看到小周的态度也诚恳。最重要的是，是小周在公司这么久一直勤勤恳恳地踏实工作，总经理欣赏小周的才能，所以想把他留下来。

"去吧，回去好好工作。吃一堑长一智，审慎为上。"总经理语重心长对小周说，还举起手轻拍了下小周的肩膀："去吧。"

小周因为自己的不谨慎导致被骗了几十万，交了学费了。但不是每个人都能够像小周一样幸运，能遇上这么好的上司，自己在工作犯了错误之后能够留下来继续工作。

前事不忘，后事之师

创业的人一心只想着赚钱，或者一心想着成功，就会忽略身边的很多危险。小周看到一单七八十万的单，便不注意留心身边的陷阱和危险因素了。无论是做生意还是自己创业，小周作为公司的中层管理者，不应该没有忧患意识。

这次幸好被偏的金额只是将近八十万，而且处理及时，没有造成更大的损失。我们应该知道一家公司，只要其中一个机构或者部门出现了毛病，就有可能让整个公司垮掉。

居安思危，为了让公司能够更好地生存下去就不能忘了这一点，不能一心只想着如何才能成功而不顾其他，更要分析和研究公司每一个项目会出现的种种问题，积极寻求解决和研究应对之策。

在上述的这个案例中，骗子就是利用前两次大方付款，丝毫不讲价和砍价，给小周他们留下"大方"的印象，第二次还是故技重施，但是成交的金额比第一次还大，逐渐地取得商家的信任，甚至还有给小周看见自己的豪车，以显露自己的财力。就这样一步步地设局，获取商家的信任。

前面第一次、第二次就是为了第三次的行骗设局做铺垫。所以在钱没到手之前都要小心谨慎，步步为营，切忌得意忘形。因为兴奋过了头，而忘记危险的存在。

如果我们能换一个角度，乐观地看待小周被坑的这件事，也许对小周来说不是坏事。毕竟小周还年轻，才三十岁出头，未来的路还很长，能够在这件事上吸取教训总结经验，这对小周将来无论是就业还是自己选择创业都有很大的借鉴作用。小周不是一个愚笨的人，在海鲜行业积累的经历和社会经验让他学会了如何更好地和人打交道。没错，这次小周是踩坑了，但这坑不会白踩的，因此他也付出了代价。

现在的社会能做生意或者创业的都不傻，但每个人都有或多或少的贪心，类似于小周遇到的骗局，局中也不完全是假的，更不是假得毫无逻辑，而是真中带假，假中有真，前两次来买货确实是真的，但这两次的真是为了接下来的行骗做铺垫。这就是骗术设局中让人轻易受骗的地方，如果小周没有和骗子之前打过交道，骗子利用各种手段设立自己"大方"的客户形象，小周第三次是很容易被坑的。

设坑的人也把骗局中的一部分当成真的做，甚至比真的还要真，说的话也比真话还要真，还要好听。

类似的骗局也会在发生其他行业，在服贸行业也有手法不一样的骗局，这是发生在小周一个从事服装加工的朋友阿明身上的故事。

话说某一天的下午，天气灰蒙蒙的，白天的阳光都被厚厚的云层遮掉了。

阿明忙了一个上午，早上七八点就出门拿着服装设计的样板去厂家那里，让厂家把服装生产出来。中午回到自己的公司休息会，顺便盘点下公司前几天的工作，为了节省时间阿明在回公司的路上就提前点了外卖。

刚刚吃完饭没多久，刷了一会手机的阿明，看见公司来了一个衣着光鲜靓丽的女客户。这位女客户在询问了一番之后，便要在阿明公司特别定制一批夏季女装，而且数量不小，总价为一百四十万，对方先交了四十万给阿明作为定金，双方口头约定好等到这批服装生产完成打好包，一手交钱一手交货，就把剩下的尾款付完，再把服装给发给对方。

就这样经历了一个多月，小明的公司辛苦地加班加点完成了一单一百四十万的买卖，日思夜盼地想着能够完成这项任务，顺利交货，顺利地拿到剩下一百万的尾款。

随着约定交货的时间越来越近，阿明在临近交货的几天里基本都在尝试联系客户，可是打出去的电话犹如石沉海底，音讯全无。

可阿明还是坚持等到了交货那天，结果他还是在意料之中地失望了。这时候阿明心想，这可怎么办才好呢？这批女装对方定制，不是大众款，如果不是对口很难出去，而且服装风格有着明显的时间性，如果过时了就和一堆废布差不多了。

半个月过去了，有一个新的客户找上来了，刚开始是打着和阿明做生意的幌子，结果他的目标是盯着阿明手头上对方没有付尾款的女装，但是他的开价很低，基本是超低廉的价格，成本都不够。

阿明衡量再三，经过一番的拉锯，阿明把这批女装以三十二万多的价格卖出去了。卖出去的时候，尽管阿明隐隐约约地感觉到付定金的客户和最后以低价买他产品的人之间有猫腻，可是他又没有直接的证据。

在接来下的两个月的时间里，在阿明身上发生的事也陆陆续续在几个同行身上发生，阿明明白了：这也是一个局，前面付定金的人和后面低价买走的人是一伙的，这是他们的设的局，他们串通好等着人往里面踩呢。这些设局和设坑的人，也确实用了心思，环环相扣，有铺垫有收尾，他们在开局时也不是空手套白狼，而是用真金白银做了鱼饵，等人心里的戒备松懈了，就开始收网了。

　　阿明本来想着一百四十万的订单自己能赚个几十万，没想到还是踩坑了，阿明尽管不是赔了夫人又折兵，可也差不多了，赔了人工费又赔了布料成本。这几十万的损失又相当于公司几个月白干了。

　　在我们相识的生活中，像小周、阿明遇到的这样的骗局和这样的坑，不仅仅在海鲜、服装行业出现过，在许许多多行业都曾出现过，而且是层出不穷，骗人或者设坑的方式花样都是日新月异，但万变不离其宗。

　　设局的人为了引人入坑，总会假戏真做，花足了本钱，用够了心思来设局，他们也认真地揣摩过受骗者的心理，怎么样才能够骗到别人的钱，就怎么做。甚至他们还可以先真金白银地出一部分钱当成引人入坑的鱼饵。

　　总之就是环环相扣，让人防不胜防，如果不是自己亲身经历过或者听人说过都很难能避开这样的坑。

　　除了海产行业，在服装、电商、电子、畜牧业和餐饮业……这些行业都出现过类似的骗局，各行各业的骗术、套路都有，甚至设坑行骗的人说的话真真假假，有时候说的话比真话还真，真假虚实掺杂，让听者摸不着北。

　　不得不承认，这些设局设坑的人还都是有技术含量的，利用了人性或者思维的弱点和惯性。

小心谨慎

步步为营

绘图：台湾菩萨蛮数位文化有限公司

六　为情怀买单的创业

在他人的眼中，小韦是一个喜欢文学和旅游的文艺青年，因为他不仅国内的每个省份都去过了，而且已经去过五大洲，可谓是足迹遍天下。由于渴望能够早日实现财务自由，所以他踏上了创业的路。

体验过国内许许多多的网红旅游城市，最让小韦倾心的城市还是大理和丽江。因为喜欢那里的环境和氛围，去云南考察很多次，因为自己的家乡也没类似于丽江的民宿和清吧，于是他希望也在自己家乡的旅游区做类似的民宿和清吧结合的创业。

凭着自己的一腔热情，自信满满地想要把大理和丽江的模式移植过来，想法乍听起来还是不错的，文艺青年小韦的创业想法能够实现么？

粤东沿海的小镇，一个国家 4A 级景区，美食风情一条街到了每年暑假的时候总是异常的热闹。

天南海北的游客从外地赶来海边这个小镇度假，这个旅游小镇位于一个三面环海的半岛，濒临南海，这里的民风民俗是广东的广府文化、客家文化和潮汕文化的交融，尽管在地理空间上是属于广东，但是当地的居民却是讲闽南语的。小镇的海洋资源丰富，这里的百姓靠海吃海，主要以渔业为主。近十几年来，旅游业也逐渐成为当地的支柱产业。

小韦喜欢旅行，他家就靠近国家 4A 级景区，所以回到家乡的小韦总是有着这样的错觉：我是回家了还是在旅游度假？

夏日的夜晚，吃完晚饭的小韦，走出了家门口，穿过旅游区热闹的游客人群，来到了海边的沙滩上，正在发展当中的小镇旅游业仿佛让小韦嗅到了创业的商机，他想在小镇上创业了。

一腔热血去创业

自从决定开始创业之后，小韦就像打了鸡血一样，似乎有用不完的激情。尽管身边有过创业经验的朋友都告诉过他："初次创业的失败的风险很大，大部分都以失败收场，需要谨慎和做好准备。"

可是这些话对于自信心满格的小韦来说根本听不进去，因为他心里是这样想的："尽管创业失败的人很多，但也有极少数能够做成功，那为什么在创业成功的极少数人里我不算一个？"

小韦是这样偏激而且心存侥幸地这么想，他也是这么做的。他从深圳的互联网公司辞职，回到了自己的家乡——粤东沿海的旅游城市，借助靠近旅游区的优势，开始了他的创业——在粤东打造类似于丽江的民宿和清吧的结合体。像国内一些成为网红地的旅游城市，如成都、丽江和大理，由于旅游人数的暴增，民宿作为一个旅游住宿产品，如雨后春笋般出现。

这一天，天空蔚蓝，天上的云朵聚了又散，悠闲地游走。

小韦从自己的房间走出五楼的阳台，眺望远处的海景，白色的海鸥零零散散地展翅飞过，在天空蔚蓝和大海深蓝的背景色中显得特别的突出。

远处的沙滩上，海浪朝着沙滩涌动，从远方而来的游客有的在沙滩上逐浪玩耍、有的站在海边的礁石上摆姿势拍照、有的漫步在沙滩上欣赏眺望远处的海景……

小韦昨天便提前约好了朋友今天早上去吃早茶，所谓早茶就是港式的茶餐厅。小韦的家乡靠近香港，和香港相距不到一百海里，所以这里不仅有"小香港"之称，而且也是内地较早一批受港澳台文化影响的地方。

几人约好来到了茶楼，但有两人迟到了，所以小韦和另外两个朋友就走进茶楼的包间，沏好了茶，选好了点心，他们边喝着茶，边等晚到的朋友。正当小韦拿起茶壶倒茶的时候，晓强和智山走进了包间了。

"你们可算来了，准备开吃。我们就等你们俩呢，再不来我们都吃完了。"小韦开玩笑地说。

"昨晚有点晚睡，调了闹钟差点起不来了。不过好茶不怕晚，这顿我请了。"晓强解释说，"之后我还去等智山一起来，耽误了一会。"还不到一会儿工夫，桌子上很快就摆满了广式茶点：表皮透明的虾饺、黄皮的烧麦、韭菜饺、芜荽饺、炸芋头丁做馅的三角饺，还有叉烧包、莲蓉包、菜包……

广式茶点虽然源于广府文化的核心地带，是从广州、香港这些地方传入内地的，但是经过二十来年的发展和演化，广式茶点已经成为当地饮食和生活习惯的一部分了。所以，去茶楼吃早茶，食广式茶点确实是朋友相聚聊天、谈生意的好去处。

大家享受着广式茶点与当地饮食习惯相结合的美味，更难得的是好久不见的朋友难得有时间相聚在一起。

"大家都好久不见了，过年那段时间虽然大家都有回家乡过年，可是还没有聚齐过。今天难得，大家伙能够聚在一起。"小韦动情地说。

"是啊，过年的时候，大家都各有各忙，上次我打电话叫小潮出来喝酒，他说他正在亲戚家拜年，不在镇上。"智山有点惋惜地说。

"是啊，我过年期间就和晓强、小韦喝过酒。其他人很难碰上。"平时话少的小潮说。

"其实大家聚在一起固然高兴，可我还有一件重要的事情要宣布，我想要自己创业了，深圳的工作我辞掉了。今后想在我们小镇上开民宿，过自己想要的生活。"趁着这个机会，小韦在包间内说了自己创业做民宿的决定。

小韦话这么一说，大家还是没想到的。瞬间他们就热闹地讨论起来了，说归说，眼看大家杯中的茶水也快喝完了，小潮起身拿起了茶壶给大伙的茶杯里倒茶。刚倒完茶的小潮用真挚的眼神望着小韦，问道："怎么会想到创业，而且是去做民宿呢？"

"其实我是想换一种生活方式，不想再过着公司家里两点一线无聊的生活了。虽然深圳这家公司给我的待遇也不错，但这不是我想追求的。"小韦向大家解释自己内心的想法。

剩下的人都在认真地听着小韦说话。因为是同龄人，小韦说的话也是藏在心里想说的话，所以大伙不仅听得认真，而且也深有感触，甚至引发了他们的思考。

"小韦，你想换一种方式生活，其实我们又何尝不想呢。但可能我没有你那么有勇气敢迈出这一步，你们知道我的情况，我还有房贷和车贷，小孩也刚上幼儿园大班。我不敢去创业，现在求的是稳定，稳定的收入。"智山说了自己的顾虑和现状，其实他状况又何尝不是当下大部分初为人父的青年人身上都普遍存在现象呢。

"你这个决定很大胆，我没想到你能辞掉深圳工作，毅然决然地回到家乡创业，做民宿。可是，小韦你也要知道，创业不是一件简单的事，很大概率是会失败的。你想好了没，你为什么要创业？你有想过么？"晓强之所以这么问他，用意就是想知道小韦这次创业的决心有多大，有没有做好创业的准备。

"为什么创业或者为什么选择做民宿，促使我做这件事主要是去云南的大理和丽江旅游的时候，那边的民宿经营现状和模式很吸引我。我们家乡的自然资源虽然没有系统和规模地去开发，但原生态的海景和海滩非常好。我个人觉得做成民宿应该是非常不错的。如果说得高大上一点，我就是热爱自己家乡的文化和美景，给外面的人多多推荐自己的家乡。"面对几个朋友的提问，也触发了小韦去做深层次的思考。"但为什么创业，更深层次的答案现在我还没想出来。"小韦是一个实在的人，不想说太多华而不实的理由。所以他回答朋友们的提问都是有话直说，尽管他说的话不一定对，但起码代表了他此刻的心境和想法。

"其实为什么要创业，这个问题我当初也不只一次的问过自己，其实我最初是不想早上挤地铁和公交上班，但是我更想证明自己的能力，觉得自己年轻还能继续拼搏。因此我选择了创业，希望能够早日实现财务自由。"创业中的晓强也说出了自己当初为什么创业的原因。

"你是一个很有情怀的人，对自己的家乡很有感情。但是情怀归情怀，创业不能单靠情怀。现在的民宿行业不比以前了，甚至比以前更不好做了，可并不是说民宿不能做了，每一个行业都有赚钱和亏钱的。民宿做得好还是要依靠创新，就是你的民宿有什么独特之处，比如像小潮做设计的出身，去做民宿是比较有优势的，他对民宿的设计装潢，对美感的理解上有自己独特的感觉。或者是有点闲钱，肯用心肯花时间去琢磨用户的消费心理，这样是比较有优势的。"智山也粗浅地帮小韦分析，提出了自己的看法。

小韦经过了一个多月的考察，费了好大劲才找到合适的，靠近海边的位置，因为地理位置不错，所以租金也不便宜。签了三年的合同，租金一年三十万，这只是租金，不包括其他的费用，加上民宿整体的装修改造直到能够正常运营，小韦为这次的创业一共已经花了将近一百万。这一百万里面有三四十万是自己工作的积蓄，其他都是向父母和朋友借的。

粤东沿海的旅游小镇，夕阳西下，阳光洒下余晖，照耀着海边的楼房，刚刚开始营业的民宿内迎来了落日余晖。靠近海边由碎石和泥土堆成的堤坝上面长着小草和野花，它们在太阳下的风中摇曳着自己的身姿。

"现在钱就投入进去了，还没有见回报，不知道什么时候能收回成本。"小韦的同乡兼合伙人小潮说。

"不知道能不能遇上好行情。按理想的预算是两年，如果行情不好大概是三年，甚至更久。"小韦很冷静地回答小潮的话，实际上自己也担心，如果万一收不回来怎么办。但是开弓哪有回头箭，只能硬着头皮往下走。小韦是有情怀的文艺青年，没错，但同时他也是认真踏实做事的人。

"我们也要想办法来推广我们的民宿，瞄准我们民宿的定位，借助互联网和新媒体来宣传，尽可能地推广。"小潮和小韦正在商量着推广民宿的对策，他们想借助网络平台来吸引流量。

"传统旅行社的渠道还是有它存在的价值，就是合作和分成的问题。但是借助互联网推广，这个推广费用也不便宜，现在我们民宿的收费本来就不高，互联网平台再拿去一部分，我们的利润就真的没多少了。"小韦的话说到了点上，互联网和新媒体的推广费用确实是一笔不小的开销。

经过他们两人的一番磋商之后，他们暂时决定借助互联网平台来推广，但为了节省成本，也利用自媒体的平台来宣传自己的民宿……

钱是投进去了，为了吸引流量打广告，但是效果并不明显，网络平台确实赚钱了，结果是肥了平台瘦了民宿老板。

民宿运营后的努力

小韦和小潮为了提高自己民宿的知名度，凭借自己目前的有限条件，能想到的办法都用上了，各大互联网的自媒体平台上都尝试过了。在互联网旅游的几个平台都试了试水，花了不少钱。

"我们现在先在互联网旅游的两个比较大的平台上试试，看看能不能摸索到一些经验。"小潮经过深思熟虑之后对小韦说。

"暂时只能是花钱买经验了，边做边学。"小韦接着小潮的话往下说。

"尽管在互联网上投放广告是一笔不小的开销，但是该花的钱还得花。"小潮认为在互联网投放广告这笔钱还真省不了，如果硬是要省下来，那代价更大。

"这笔广告费用还是真是少不了，但是我们俩还得想出其他的办法，来增加我们民宿的客流量，你有什么建议？"小韦问。

"小潮，现在是互联网的时代，互联网肯定是个大趋势，要通过借助互联网和提高我们服务的方式来提高我们的客流量，增加我们的收入。"小潮把这段时间的思考逐步地对小韦说了。

"如果和我们当地自媒体的网红合作来为我们推广呢？他们有不少粉丝，而且能够吸引更多年轻的游客。"小韦一边喝着茶一边说。

"这倒是一个方式，值得我们去试试。一方面可以为我们的民宿做广告，另一方面也可以宣传我们家乡的美景和民俗文化，让更多的人了解到我们家乡的文化。"小潮赞同了小韦的说法。

"可是，要怎么说服我们当地的网红和我们合作，又可以降低我们成本的支出呢？"小韦之所以这么说是因为自己的民宿开业以来成本支出是一笔不小的数目，他想尽可能地节省自己的开支。

"我觉得可以这样，首先我们采用提成的方式会好一些，就是通过我们当地网红的渠道带来的客户，按比例给他分成，这样我们的压力就会少一些。"小潮解释说，因为这样操作负担就会少一些。如果网红的渠道带来的客户多，我们双方都得利，而且多劳多得。现在的网红或者自媒体也有自己的运营和操作模式，说白了也是一门生意，网红直播带货也在寻找新的商业模式。时代在变，技术在变，商业模式也在变。小韦他们尽管想借助网红宣传自己的民宿，希望能够给民宿带来流量，可是他们并没有把希望完全寄托在网红身上。

经过了商量之后，小韦和小潮又开始分头行动力了。小潮通过朋友联系上了当地的网红，谈妥之后就开始正式合作了。网红拍摄了海边小镇当地的美景，而且还巧妙地结合了小韦他们民宿的特色进行介绍。

　　小潮没有像小韦那样一根筋，也没有多少天马行空的创意，是踏实做事的人。他也看出来门道来了，看出小韦和当地网红合作的模式出现了问题。

　　他觉得有必要找小韦仔细地谈谈，那一天在民宿忙完之后，两个人走出了门口，站在路灯下夜晚的海边，民宿的楼下，海风轻轻地吹，偶尔有游客经过。

　　小潮先出声说话了："我们这个方式可能不对，当然我们的民宿依靠网红确实能吸引到一部分流量。但是客人都是奔着我们民宿的特色来的，换句话说，如果我们的民宿有足够的特色并且可以提供优质的服务，能够自动地吸引大众，甚至吸引网红，而不是……"

　　"而不是什么？"小韦追问。

　　"而不是我们的民宿单靠网红来吸引流量，网红只是锦上添花。我们在自己民宿的设计、运营上下功夫，用心打造属于我们自己的特色才是重点。"小潮怕自己解释不清楚，就说得再明白一些，"你知道现在民宿行业的痛点是什么吗？你有思考过吗？"

　　"没有仔细想过，我当初只是想着通过民宿创业来达到改变自己生活方式的目的。"小韦说这句话的时候显得很没有底气。

　　"其实我们现在做的事，说得好听是创业，其实做的内容有点像市场上千篇一律的产品，怎么形成我们民宿自己的特色，是我们今后要努力的方向。"

　　"小潮，创新和形成自己特色哪有那么容易。我也知道民宿要有自己的特色，而不是老是提供和其他民宿毫无差异性的产品服务。而且我们早期那么多装修成本投入下去了，现在要改设计装修，代价是挺大的。"

"是啊，创业哪里是一件容易的事。你有听过网上的一个说法么？民宿是和开奶茶店、花店齐名的不赚钱的项目。当然这是调侃的说法，民宿行业里面也有人是赚钱的。"

"可是咱们的民宿确实赔钱了，我也应该反思我自己。"

"小韦，其实我也有责任。可是，开民宿这么久，我们有仔细琢磨过我们的顾客或者是消费者的心理么？他们为什么来住民宿是想要体验或者是想获得什么样的服务，我们能够给他们提供什么样的服务？"小潮的话说完了，小韦他并没有立马回答，他也在组织自己的语言，但是回答得很不自信，明显底气不足。

"那些选择我们民宿的旅客，他们是想……想要获得不一样的服务，也许是想来我们当地体验海边的美景，他们旅行也是换一种方式生活，追寻属于自己的远方。"小韦支支吾吾地说得很不利索，也显得很没有底气。

"我们并没有站在消费者的角度去思考，也没有花心思去思考他们想要什么样的服务，我们能够为他们提供什么样有差异性的服务。这也是我们民宿当前需要解决的问题。"尽管小潮指出的问题的所在，但是无论是小韦还是小潮现在都不太容易去解决这个问题。

"现在想想，我当初做民宿就是出于自己的喜好，说得好听点就是出于自己的情怀。可是做民宿这件事，我并没有用做生意商业的思维去思考去运营。当初我们两个一起合作，我认为能够一起赚钱，没想到现在是亏钱。小潮，我觉得有些对不起你，真的抱歉。"说到这里小韦也很动情，甚至声音都稍微破音了。

"哎，现在不是自责的时候。现在这个局面，我们要想办法来处理，做民宿还是要用生意的思维来做。你们说得对，创业做生意不能掏自己的腰包为情怀买单。"小潮不是一个怨天尤人的人，朋友间合作创业或者做生意很多都会出现闹矛盾的情况，鉴于这种情况，小潮和小韦在合伙创业之前就约法三章，白纸黑字明确了对方各自的权益和负责事务的范围。

"难道文艺青年不能创业么，为什么会这样。我只不过是想做自己想做的事情，难道有情怀也是一种错误吗？"这个时候的小韦有些怀疑自己选择的路了。

"人有情怀并不是坏事，但情怀要放在适当的位置。"小潮还是很耐心地开导小韦，尽管他们合伙的民宿创业项目亏了不少钱。

就这样大家忙活了三四个月，投入了不少的心血和精力，大家都想把事情做好了。小韦和小潮基本上每天早出晚归，每天的节奏就像旋转的陀螺仪一样转个不停，可是开弓哪有回头的道理，只能硬撑着往前走。如果现在收手不做，明显注定亏本，甚至成本都收不回来，可是前期这么多钱投下去了，哪里还能轻易说不做就不做。

创业两年后

小韦和小潮俩人一边努力运营着自己的民宿，一边顶着资金的压力，辛辛苦苦撑了两年。创业两年的时间，小韦和小潮两人身上都各自掉了十几斤的肉，消瘦了不少，而且由于每天都顶着压力，经常为资金和民宿的问题熬夜睡不着，这段时间掉发的问题也严重了不少。

因为小韦和小潮在他们自己的家乡开民宿的事情，他们身边的朋友都知道了，甚至一些生意做得不错的朋友想要来入股一起做，但是考虑到他们前期在民宿投入的成本和当前民宿的收入，他们还是放弃了。当然了，这并不能怪他们，毕竟要盘活民宿，使得民宿能够良好运营，不仅需要的一大笔资金的注入，也需要专业运营人才肯花时间和精力用心地去做。

所以小韦和小潮他们创业两年后，创业遇到的现实情况和他们的当初设想的场景有很大的差距，他们也是许许多多创业者的一员，初次创业失败的大概率事件还是在他们身上自然地发生。

尽管他们也努力通过互联网的方式来推广自家的民宿，但是收效甚微，因为小韦家乡的旅游业并非一年全是旺季，一年之中只有暑假两三个月游客比较多，其他月份都很冷清。所以做民宿旅游的旺季也就是暑假这两三个月，其他就剩下五一和十一假期了，所以经营旅店或者民宿的就必须要在两三个月内赚到足够一年开销的钱，要不然就剩下了亏本这条路了。

夕阳西下，落日的余晖透过窗户照了进来。小韦倚靠在沙发上，不说话静静地思索着，望着落日的光影，他自问："自己为什么创业，为什么选择民宿作为创业的内容，除了自己所谓的情怀，还有其他么。如果时间能倒流，自己还有选择做民宿作为自己创业的方向么。如果可以重来，我想我还会选择创业，也会选择民宿作为自己创业的内容。其实扪心自问，与其说自己是喜欢旅行，倒不如说自己是想体验不同的生活方式。"

他也自问，自己有什么才能，自己擅长做什么。有情怀是一件坏事么？民宿重要的是流量，而且自己开民宿的地点是靠近旅游区，流量是不错的。可为什么还是会亏这么多钱，没错，有时他也自我标榜为文艺青年，喜欢文学艺术，不太看重金钱。可还有这么一句话：钱不是万能的，但没有钱是万万不能的。钱对我们来说当然是重要的，能够赚到钱就是自己能力和才华的证明。在创业的过程中，企业能赚到钱，那必然是企业给社会大众提供了服务，尽到了社会责任。钱和文艺不是对立矛盾的，喜欢文艺，还能赚些钱财，岂不妙哉。

创业两年后，小韦不仅投入了一百多万，而且还欠着朋友的一大笔债。他亏过才知道，开民宿并不是诗和远方，他自己开民宿的结果是狼狈收场，一地鸡毛。经过赔钱之后，小韦更是明白了民宿不能只靠情怀，情怀是民宿的大坑，开民宿是要用做生意的思维去运营，而不是靠自己掏腰包为自己的情怀买单。

今天是一个创业的时代，有情怀并没有错。创业不仅需要情怀，也需要有激情和勇气。创业并不比文学艺术创作的难度低，创业也需要才华、能力和胸襟。换句话说，有情怀并不能保证创业成功，但是每一个成功的创业者，走得远的创业者都是一个有理想、有情怀的创业者。没错，小韦确实是一个有情怀也有才华的创业者，但小韦的才华没有体现在创业上。小韦他们创业赔了这么多钱，关键是他们并没有用商业的思维去运营民宿，说得再直白一点，就是他们只会掏腰包为自己的情怀买单，没有从顾客消费者的角度去思考，结合民宿的特色去创新提供让消费者满意的服务。

用钱买来的教训

像小韦这样的文艺青年在社会上还是很多的，他们有自己的情怀和梦想，他们也接受过大学高等素质教育，甚至他们还走过不少地方。他们智商在线而且见识也不少，可是为什么像他们这样怀揣着自己的理想和激情去创业的人，失败的例子总是屡见不鲜呢？

创业不能单靠情怀，创业还是需要认清现实，尽管认清现实会让人不开心和不爽，可是总比犯傻要强得多。

我们大家都知道随着我们国民经济物质水平的不断提升，人们追求更高质量的消费生活，旅游是一个非常有潜力的市场。可是小韦最大的不足就是他将云南丽江的模式生搬硬套在粤东沿海的旅游小镇去经营民宿，尽管是这个旅游小镇是他自己熟悉的家乡。

因为是在自己家乡创业的缘故，小韦自以为了解自己家乡人的消费习惯，把自己的以为错当成市场真正的需求，从而对自己家乡民宿甚至旅游业的市场真正需求失去了客观的判断和理性的把握。总把自己一厢情愿的想法当成真正的市场需求，也忽视了结合当地的特色和优势，打造出有当地特色的民宿，也没有把自己家乡旅游小镇的特色明显地展示给游客。

小韦的这次创业的案例，让我想起了两三年前遇到的一位朋友阿杰，他也像小韦一样喜欢到处旅行，曾经他花了一年的时间去台湾地区、欧洲、澳大利亚和美国旅游，在旅途中发现像这些地方都有汽车旅馆，他自己去汽车旅游的体验也很好，而且做得很有特色。但是汽车旅馆在大陆没有，可在台湾地区和美国等地很流行，他回来之后很想在大陆做类似的汽车旅馆的创业，可是他觉得建汽车旅馆虽然成本不少，但有市场需求。

因为大陆目前没有类似汽车旅馆的酒店存在，他心里激动坏了，所以很快就开始着手准备并投入一部分资金试水，可是过了几个月却发现汽车旅馆在大陆很难有市场空间。且不说大陆的消费人群和台湾地区、欧美相比不一样，在政策、制度和当地的消费习惯上都存在不同。尽管他早期投入的钱赔了，所幸还能及时止损。创业的成功的原因是综合的，失败的原因也可以是多种多样的，不能单凭着自己的感觉去创业，对于商业模式和经营模式简单粗暴的复制和移植，没有结合当地特色就去创业，其结果可想而知。

绘图：台湾菩萨蛮数位文化有限公司

七　失去聚焦的专注力

城市车来车往的路上，一辆小轿车停在小区路旁，一位青年独自开着这辆车每天往返公司和公寓之间。每天人来人往，城市的人们都在为美好的生活努力和奋斗，创业的环境也变得越来越包容和被鼓励。在大城市成千上万的创业人群中，小郑和小曾就是属于其中一员。

小郑和小曾虽然是大学认识的好友，但是两人在性格上还是有着很大的不同，小郑有想法，大胆，敢想敢做，而且脑子转得快，虽然小曾也聪明，脑瓜子也灵，但是相对于小郑要谨慎得多，一旦觉得想要去做的事，就会花精力和心思去严格地执行。

曾国藩说过这一句话，放在小郑他们身上似乎再合适不过了，他说："用功譬若掘井，与其多掘数井，而皆不及泉水，何若老守一井，力求及泉水，而用之不竭乎？"这句话用来形容创业也自然错不了，还是要把主要精力、专注力聚焦在一件事上，做好产品，不要心辕马意。创业公司能够在一件事在发力，把这一件事做精做强，能够解决社会某个痛点，已经很了不起了。不求数量多寡，只求把一件事做到精通、极致。

小郑是一个有事业心、非常愿意尝试新事物的年轻人，创业对于初入社会的年轻人来是一件容易失败的事。小郑不想做毫无准备的创业，他在毕业之后选择去一家好的互联网公司工作。两三年的工作经历锻炼了自己的工作能力，自己的情商，以及和其他人打交道的能力也得到了提高。

鼓励创业、创新的时代

十九世纪英国作家狄更斯在《双城记》中写道："这是一个最好的时代，也是一个最坏的时代。"无论是从人力资源和社会保障部发布的《中国青年创业现状报告》，还是我们身边接触的真实例子，都能明显地感受到现在是一个青年人创业非常多的时代，也是一个创业失败率非常高的时代。现在是一个属于年轻人创业的机遇与挑战并存的时代。

当我们面对大众传媒报道的消息：某地大学生开面食连锁店月入上百万，某地青年创立 App 月入几百万……这些消息无不挑动年轻人的神经，媒体报道的创业的高收益和高回报，就像给即将创业的青年人打了兴奋剂一样。面对如此诱惑，多少青年人纷纷加入创业的队伍，也成为今天创业大军中的一员，可是创业哪有那么多容易。媒体大肆宣传下少数人的创业成功让大部分青年人误以为创业很简单，其实创业是一个充满着不确定性和挑战性的一个过程。

小郑他们大学毕业那年，刚刚好赶上"大众创业，万众创新"的社会创业潮流，但是刚刚毕业的小郑还不敢贸然地进行创业的，尽管自己心里很痒，创业失败的高风险让他自己觉得还没做好创业的准备。所以他选择了自己专业对口而且感兴趣的工作，去了一家互联网公司。

小郑来自广东沿海商业创业氛围很浓厚的城市，从小在经商的家庭环境耳濡目染成长起来，所以在他的身上就有创业的基因。正是因为他的父辈是从事商业活动，做贸易生意的，所以小郑才不敢一大学毕业就开始贸然地创业，而是选择通过在一个好公司去工作，找到能够锻炼自己能力和发挥长处的平台。在这家公司工作期间，小郑不仅认真地完成工作而且善于思考，他是真正投入进去而没有觉得是为公司打工，与其说是公司上班，倒不如说小郑把公司当成锻炼自己处理业务能力的学校。

"小曾，我想辞职了，还是想证明自己能力，自己创业试试。"小郑说得很认真和正式，不像开玩笑的样子，然后拍了拍小曾的肩膀，"其实我刚刚毕业就这个想法。"夜晚，两人就这样，在小郑的家里一边喝茶品茗一边聊着。

"之前大学喝酒的时候，我们就听你说过。那你创业是哪个领域的？"小曾问道，"辞职手续办好了吗？"

"互联网电商，我对这个感兴趣。"小郑抿了抿口茶，说："手续已经办好了，我现在很想试试。"

"现在是网络时代，互联网也大大地改变了我们的生活和消费方式。互联网和传统行业结合，我觉得是未来很有前景的行业。"小曾把自己对互联网的思考和想法和小郑分享了，这一次他们两人都推心置腹地聊了自己未来的规划和对现在商业模式的看法。

"互联网的时代，使得有才华的人都能够找到属于自己的平台。只要是有才华的人就不用担心被埋没，但前提是真正的有才华，而不是自己认为的有才华。"小郑说着说着自己也笑了。

"互联网确实是一个很好的平台，但是小郑你自己真想好了没，你为什么要去创业，你有认真问过自己的内心吗？"小曾追问。

"为什么创业，其实具体的我也说不出来。我只是不愿意再过着简单重复且单调的生活了，我想换一种生活方式，就这样。"

"我懂你的意思，就是不想安于现状了，想改变自己的生活轨迹，对吧？"和小郑这么多年的相处下来，他们两人还是挺默契的，小曾还是能够理解小郑的想法，其实小郑的想法也是当下大多数青年人的想法。

"其实也不全是为了换一种方式生活，而是我也想证明自己的能力，能够不辜负信任自己的人。"稍作停顿，小郑说："现在我们青年人的压力也大，我上个星期回家，在吃饭的时候，我看到了我妈鬓角已经有几根白发，再反观自己现在的工作生活，我觉得很惭愧。"原来小郑选择创业也不单是为了想换一种生活方式，父母亲对他触动很大，他想成功让自己的父母看到。

"我也是，我们的爸爸妈妈也已经年过半百了，我上次和我爸妈他们去旅行的时候，我也在注意到我妈鬓角的白发，她的额头上也多了几条皱纹。爸爸的背影也有一些岁月苍老的痕迹，胡须也有几根白了。"说起自己的父母亲，也触动了小曾心中柔软的地方。谁不想让自己的父母，让自己的家人能够过上好日子呢？可是世界上的事又哪能事事都能如人意呢？

"所以我们作为儿女也得努力，让我们的家人过上好日子。其实说实话，我们现在年轻累点苦点也没什么，主要是有奔头，对未来有期待。"

"我也觉得互联网不错，用心学用心做，我们俩要不要合伙创业试试。"小曾主动想找小郑合作。

小郑听了小曾的话，立马变得活跃了很多。因为他也想创业，也想找到合适的创业合作人，毕竟找一个好的创业搭档并不是一件容易的事。

"可以，如果朋友之间合伙创业，直话直说，沟通起来不累。但是朋友合伙创业弊端也不少。"小郑尽管也愿意和小曾合作，但他也有自己的担忧。

"你是担心像西平和阿观合伙做生意出现的情况那样？"小曾问，西平和阿观都是他们初中的同学和朋友，现在也有来往。

"西平和阿观合伙创业的事，你知道了吧。他们现在连朋友都做不成了，最后搞得公司不知道听谁的，公司内部分歧很厉害。"

"我哪会不知道这事，他们公司开业当天我还去了呢。他们没有签订合同，完全是口头约定，他们两人的利益分配和分工都没有安排好。要我说，咱们俩如果合作的话就是先小人后君子，先礼后兵。"

"怎么个先小人后君子法，说来听听。"小郑也好奇，小曾有什么方法。

"如果咱们合作的话，就是把我们的利益、分工以及未来可能出现争执的情况，首先白纸黑字地写清楚，把协议写好，双方同意后，咱们就签字。"

"这主意不错。"小郑听小曾说了之后，心里却是很高兴。因为他看过太多因为朋友之间合伙创业，最后闹掰了甚至连朋友都做不成的例子了。熟人朋友之间合伙创业，固然沟通起来方便很多，节省了沟通的成本。可是朋友合伙创业，利益分配和分工不明确也是容易导致问题出现。所以小郑和小曾他们合伙创业就采用先礼后兵的模式，把合伙人的股份、利益分配和分工白纸黑字地明确下来，按照规章制度办事，创业合作也有原则，免得到时候闹掰。

"行，我们签订好合同之后就按照规矩办。"小曾之后就去整理合同，双方逐条反复确认，都要双方能够接受。

双方把合同内容明确之后，一式三份，小郑和小曾各持一份，还有一份在证明人那里。经过反复确认之后，就在白纸黑字上的合同签字了。

从此过后两人一拍即合，达成了默契，小郑和小曾他们两人决定一起创业。

小郑的懊悔

当小郑看到自己同龄的朋友在自己工作的两三年里，选择了互联网领域的创业，而且还做得不错，他甚至有些后悔和抱怨自己选择了一家公司去上班而没有去创业。

夜晚，小郑的小别墅家中，周围很安静，打开窗户还能听到远处的蛙鸣声。

小曾今天来小郑家中聚餐，饭后他们围在别墅的一楼喝着茶，一边看着央视新闻联播。吃饱后的小郑，作为东道主，在为其他人煮水泡茶。

"你还记得我们大学同一届的小豪，他毕业之后就选择了自己创业。"小郑一边冲着茶，一边对小曾说起了他们共同的朋友小豪的创业经历。

"知道，他是做互联网电商，在网上卖服装，听说做得不错。"

"嗯，如果能选择一次，当初大学一毕业选择创业就好了，就不用浪费两三年的时间。"小郑的语气之中带有一些懊悔，他心里想自己当初怎么没想到要去创业呢。看看现在的小豪，在对照一下自己，小郑自己感慨的同时也有一些懊悔，如果岁月能重来，自己也想和小豪一样选择创业，但自己也能否像小豪一样能够创业成功呢？他不知道，因为他知道自己想的是假设。

"你和小豪的情况不一样。"小曾拍了拍小郑的肩膀说："不过话又说回来了，小豪他在大学二年的时候就开始折腾创业了，他也经历过两三次创业失败。如果像你我这种一毕业，没有社会工作经验就去创业，风险肯定很大。"

"也是，小豪他在创业路上也遇到不少坑，他经历过我们没有经历的。我们没有想清楚就匆匆忙忙去创业，肯定不行，而且那时候我们也没那么多的胆量和气魄。"小郑的话倒也坦诚，接着他又做了一个假设说道："假如还有如果的话，我们也像小豪一样，从毕业开始就选择创业，甚至也做和他相同的行业，今天的我们会是什么样的？"

"其实生活哪里的那么多假设，就算我们和小豪一样，刚毕业就选择创业也不一定能有像小豪今天的成绩，毕竟人和人之间还是不一样的，对吧？"小曾一边说话也一边留意他脸上神色的变化。

此刻的小郑变得安静沉默了，眼神也变呆了，仿佛陷入了沉思，在身旁的小曾都看在眼里，小曾望了望窗外远处的高楼和路上来往的车流。

"不要纠结于过去，我们还是向前看，把精力放在思考接下来要怎么做？过去了就让它过去。"小曾的话打破了屋内的沉静，使得小郑回过神来。

"嘿嘿，说的也是，我这样太钻牛角尖了。"小郑若有所悟地说道。

合伙创业的小郑、小曾

两人经过商量，决定了创业做电商，借助互联网平台销售手机配件，因为互联网时代的手机大大地改变人们的生活，几乎人人都有手机，所以和手机相关的配件：手机壳、手机钢化膜、耳机等的需求也不断增加。

小郑和小曾开始了自己的创业，刚刚开始两人非常有激情，干得也很卖力，因为是自己选择的创业的路，所以两人也非常坚持。但是刚刚开始创业的半年内，压力不小，公司还没有盈利甚至有些亏损，所幸两人还有部分的积蓄可以先垫着。

两人觉得还是很有奔头。因为小郑和小曾不仅是大学时期的好朋友而且两人志同道合，小曾也愿意跟着小郑一起创业，可是，当他们创业半年后都在亏损的时候，他们身边的亲人有些微词，甚至怨言了，甚至还嘱咐他们放弃创业，找个公司去上班。

凭借着两人不断地摸索和学习，通过将近一年的努力，他们公司开始扭亏为盈了，他们两人之前投入的成本也都收回来了。

公司慢慢地步入正轨了，逐步开始盈利了，尽管赚得不是很多，但是小郑他们俩也觉得开心，因为这也从侧面证明了他们自身的能力。第一次让小郑他们觉得自己创业是有意义的，是他们看到顾客买到他们公司设计生产的产品时脸上露出笑容，公司同事们的勤劳付出也得到了该有的回报。他们才觉得创业有时候不单单是为了自己，同时也是为了他人。小郑他们是不想安于现状，而迈出了创业的脚步。令小郑可喜的地方，除了公司开始转亏为盈之外，他也能感觉到自己的改变，能够积极与其他人打交道，更主动与他人互动和分享。他觉得自己是在做一件对社会和自己有意义的事情，没有白白地浪费自己的青春。

想要迈大步子

尽管公司开始扭亏为盈，但是他们两人还是不满足于此，因为创业就像闯关游戏一样，这关通过了还有下一关。公司近期的营收使得他们更加坚定了信心，所以他们应该顺势而上扩大公司的业务范围，增加公司的收入。

趁着过年春节的时间，小郑、小曾和小豪他们都有碰面聚会的机会，平时大家都忙着自己的事，难得有聚在一起的时候。

在春节朋友间的聚会上，小郑和小豪经过了一番寒暄之后，借着杯中酒，推杯换盏之后，他们之间的话匣子也逐渐打开了。

"我和小曾想要明年再把公司的规模扩大一些，去年虽然整整辛苦了一整年，但是还是值得的。"小郑对一旁的小豪说。

"那不错啊，有收获就好。"小豪借着酒意微笑着说。

"小豪，你这几年公司做得相当好，给我们立了一个榜样。"小郑说完之后，举起了手中的酒杯，"来，小豪，我们来干一个，新年快乐"。

"干杯，新春大吉，祝明年大家事业更上一层楼。"小豪和大家碰杯之后，就非常豪爽地一饮而尽。春节的喜庆让忙碌了一年的人们难得有时间放松下来去享受节日的氛围，但是像小郑和小曾这群创业的人，尽管趁着过年的闲暇也难得放松下来，但是他们思维上一刻也没放松下来，因为他们还在创业阶段，还在想着怎么样让公司生存下去，让自己的创业公司"活得好"。

小郑一心想着如何让自己的公司在来年迈开大步向前走，扩大公司的规模，购买机器设备，扩大生产。创业以来，小郑和小曾两人合伙，相互配合，小郑主要负责决策，小曾负责执行和管理，他们两人性格也互补，小郑有想法和魄力，小曾谨慎步步为营。

没有专注力的聚焦

春节开工之后，小郑他们紧锣密鼓地购买生产机器，并且在多个网络电商平台上增加广告投放，已达到吸引消费者流量的目的。甚至匆匆忙忙购买了机器自己制造手机壳、手机钢化薄膜、耳机等，之前他们公司的主要使用自主设计的手机壳为主，现在他们公司的产品的种类虽然增加了，但是缺乏聚焦在产品上做好和做精。

春分过后，冷空气南下，一夜之间就降温了。在广东生活的人们，从昨天的夏季短袖又变成了今天的长袖。天空上厚厚的云层，太阳躲在云层里懒得露脸。公司的办公室内，小曾手还在键盘上敲敲打打，小郑也没有闲着，在平台网页上看最近公司最近的经营数据。可是小郑越看越变得沉默了，神色也明显不对了，他甚至微微咬了自己的嘴唇，表情瞬间变得凝重了。

"哎，完了，怎么会这样？"小郑说话的音量忽然调大了，惊扰了正在忙碌的小曾。

"什么情况，这么大声？"小曾暂时停下手中的工作，不解地问道。

"最近销售的数据，和我们以前差太多。"

"差多少？"小曾继续问。

"和上个月相比，又少了百分之六十。"

"怎么会这样？"

"不能让情况这样继续下去了。我们得主动些，看看能不能弥补我们的损失，销售额再这样锐减，我们吃不消了。"小曾认为要主动妥善去处理。

"我们顾客的差评，和上个月相比还是增加了不少的。"

"客户的差评，有时候不能全怪客户。我们也有一部分的责任。"

"我知道。这次责任在我，本来经营得好好的。不知道哪根筋搭错了，一心想扩大公司的规模，让我们的产品更加多元一些，反而弄巧成拙了。"自从小郑改变了公司的经营方向，提出让产品多元化，销量就锐减了。

小曾没有马上接话，沉默了一会。因为他一时之间也不知道怎么说才好，指责小郑也不是，认同小郑也不是，总之这时候的小曾自己也很矛盾。他不想指责小郑是因为小郑做决定要把公司的产品多元化扩展的时候，他是认同的，自己不想公司依靠单一的产品在市场上竞争。但是公司产品转型，需要投入一笔不小的资金，去购买设备，更新生产线，他有考虑担忧过成本问题，但没想到公司产品转型之后销量会锐减，也没有站在消费者的角度去思考问题，一味地想着去扩大规模实现产品多元化，这样一来必然导致精力分散，不能在专注在产品上，把产品做精做深。

因为自从去年扭亏为盈之后，小郑就对公司的收支平衡的概念放松了好多，而且购买机器、更新生产设备和投放广告也是一笔不小的支出，所以小郑就显得有点盲目乐观，甚至有些飘了。

尽管小曾在这个过程中不只一次提醒小郑，在公司迈开大步走的时候谨慎些，但小曾还是听不进去，丝毫没有放在心上。小郑的自大导致他不能对市场需求做出理性的判断，在他的固执观念里，自己现在这么做就一定能让公司赚到更多的钱，让公司活得更好。

其实小郑这样做，他们的公司会是怎样的结果，我们可想而知。果真过了两三个月，公司的收入对于公司扩大规模的支出来说，还是杯水车薪，他们的公司这次亏损不少，甚至达了破产的危险边缘。

原来踩坑才会知道的

通过小郑的案例，我们知道创业公司在任何时候都不能掉以轻心，因为任何时候都有失败的风险，时刻保持警惕和客观。小郑他们在第一年扭亏为盈之后，有一些盲目乐观和自信，使得他们没有失去理性的判断。

在自己公司产品的专注力还不够，甚至在自己公司的单品还没有做好做精做强之前，就盲目地扩大规模，就增大成本的投入，而且是匆忙的投入，结果不会好到哪里去。

尽管创业是属于勇者的旅程，需要创业者超强的眼光，创新和敢为人先的精神。可是创业更需要沉下心来，踏踏实实地做产品，专心用心地服务用户，解决消费者的痛点和需求。

有时候想在多方面发展，倒不如把专注力聚焦在一点上，创业不是求得产品种类的多寡，把公司的单品做精做好就已经很不错了。创业也需要花时间，用心专注在产品上，不要三心二意，我们人的精力是有限的，有时候我们能够做好一件小事就已经很不错了。与其心猿意马，分散精力倒不如集中精力去做好产品和服务。

如果小郑把自己的专注力聚焦在把产品做好做精上，而不是追求数量的多寡，我想结果将是截然不同的。在创业的道路上，失去专注力，把精力分散很容易走向失败的边缘。

绘图：台湾菩萨蛮数位文化有限公司

八　找到了市场需求，还是没有解决痛点

　　小吴生长在一个商人家庭，他的父亲是做传统行业生意的，他老是想独立出来，在新兴的行业去闯出自己的一片天地。在出国留学回国之后，凭着自己手上的积蓄和家里给的现金，大概有三百万。有了这笔资金，小吴就和两个大学期间认识的朋友一起打算创业了。

　　小吴他们创业要比其他人更有优势，有家里的资金支持作为创业启动资金，因为并不是每一个创业者都像小吴这样幸运。当然小吴在其他人的眼中不仅是出国留学，学成归来的学霸，而且是一个非常有想法和有能力的青年人。当然有着这么多优势的小吴去创业，走的每一步也并非一帆风顺。

商会联谊酒会的偶遇

　　一天的傍晚，天色已暗，夕阳也在天际没有了踪影，上班一族也从公司陆续返回家中。这个时候，小吴和他朋友们的聚

会才刚刚开始，这次聚会是当地的商会组织的一次联谊活动，小吴之所以能受邀参加这次活动，有两个重要的原因：一是因为小吴的父亲，二是小吴留学生的身份投身商界。尽管小吴曾经想极力摆脱自己父亲的影响，但人们还是不可完全避免把他们父子俩联系在一起。

这次活动是在当地的一个酒店举行，在酒店大堂上方还挂着一个横幅："2017年春季某市商会联谊活动"，人很多，大都是这个城市知名的商人和企业家，各行各业的都有。这次活动在当地商会会长赵新则的致辞中有序地展开，小吴因为参加类似的活动多了自然就有了经验。

当地商界知名的几个大佬聚在一起谈天说地，像小吴这样的后起之秀在和这些大佬们碰杯敬酒和简单的自我介绍之后，他们就连忙退到了一旁，几个年轻有为的同龄人就聊起来了。

在这次活动上，小吴碰上之前中学时的同学小彬和小城，他们也是大学毕业之后选择了创业。这三个人一边举杯喝酒叙旧，也一边聊着创业的事，他们虽然有十来年的时间没有见过面，但还能准确地认出彼此来，随着交谈的深入，他们之间的话匣子也逐渐打开了，对于彼此的印象也从中学时代拉回到了现在。

酒店大堂的另一侧，几个人手里都拿着酒杯围坐在一起，正是小吴他们几个在闲聊。经过他们彼此寒暄和简单介绍自己所从事的行业之后，小吴先说出来自己的感慨："现在传统行业都受到了互联网的影响，也可以说互联网影响了各行各业。"

"互联网的时代，我们生活和消费方式也被重新定义了。"小彬接着小吴的话往下说，"现在的互联网是一个新的风口，如果能够利用好互联网，对我们创业的人来说是一个机会。"

"哈哈，你们两个把我想说的话都说话出来了。其实我们可以一起合计合计，说不定还能碰撞出新的创业想法。"小城微笑着望着他俩说："或许我们将来还可以合伙创业呢。"

"咦，小城这个提议不错哦"小吴随即应声说道。在一旁的小彬看此情况，便连忙端起了酒杯表示对此赞同。

"我们仨干一个吧！"话音未落，他们三人便举起了手中的酒杯，伴随着他们几个人的谈话，高脚夜光杯中晃动的葡萄美酒散发着浓浓的酒香。

"话又说回来，互联网确实给我们的生活方式带来非常大的便利。可是我们也不要忘了互联网只是一个工具，我们可以借助互联网平台做很多事，很多我们之前做不到的事。"小城虽然看好互联网，但他对互联网的认知还是清醒的。

"其实我们从生活中接触到的，还有网络媒体报道的，现在好多人以为创业一搭上互联网就以为万事大吉，瞬间变得高大上了，却没有好好去用心经营自己的产品。"小彬说出来现在一部分青年创业者一心只想着借助互联网的风口，而不踏实用心做产品和服务的弊端。

"现在这种情况，确实很多。拿掉互联网的部分，就是一个普通的项目嘛。然后他们再做一个 App，吸引到天使投资，在融资一两次就有上千万的估值。可实际上，他们也没有把心思放在产品和服务上。"说话的正是小城，小城这番话一出，便引起了在场人们的热议，场面也变得热闹起来。

"不过我们还是不能否认互联网是一个伟大的发明，现在我们在国内生活，基本是一个手机走遍天下，现在也基本人手一个手机，太便利了。"小吴边说着也比着手势。"生活在互联网的时代，每个人都在体验着互联网带来的便利。"

创业合伙人

经过半个多月的磋商和市场调查，小吴他们紧张而有序地进行创业开公司之前的筹备工作，他们决定做生鲜电商，因为农产品生鲜属于高频而且高需求的产品，但是初次试水生鲜电商生意的他们由于资金有限，决定在城市的两个区先作为试点，如果可行再进行推广。

小吴他们对海鲜产品比较感兴趣，可能跟自己打小在海边长大有关系，自己对海鲜比对其他食材要更清楚。可是他也知道海鲜产品的保鲜技术是关键，操作起来难度不小。而且做海鲜成本计较高，又不易于保存。所以他们决定去做做市场调查之后，再去确定创业的大方向。

小吴负责市场需求的调查、小彬负责注册公司的相关手续、小城负责筹集资金，三个人分工合作地完成创业前的筹备工作，经过两个多月的努力，公司开始运营了，小吴他们三个人成了真正的创业合伙人。

　　然而在他们在成为创业合伙人之前，还发生了这样的小插曲，事情是这样的。

　　由于小吴他们三个踏入社会工作以来，在现实生活中见过太多朋友之间合伙创业或者做生意，无论他们创业成败与否，朋友之间闹掰甚至最后连朋友都做不成的例子比比皆是。再加上小吴父亲的建议，所以他们三人把出资比例、股权占比，公司成立后的分工、谁负责经营管理、谁负责技术等一系列今后有可能出现争议的问题都一一白纸黑字地写在了纸上，因为他们不想最后连朋友都做不成，换句话说，这么做不仅有契约精神，而且也是珍惜他们之间的交情，先小人后君子，不过交情归交情，合作归合作。

　　一个忙碌的午后，小吴他们仨人在自己公司的办公室简单吃完午饭之后，泡上了一壶普洱茶解腻。他们一边喝茶，一边聊起了工作。

　　"我们从筹划到现在公司开始运转也有两三个月的时间了。"小吴感慨道，"这段时间来大家都辛苦了，但是我觉得生鲜电商还是非常有前景的。"

　　"农产品生鲜是一个非常大的市场，而且需求量不是一般的大。因为人要吃饭，一天三顿，有时候甚至一天不止三顿。随着经济的发展和我们老百姓生活水平的提高，我们对食物和农产品的需求已经从'吃饱'变成了'吃好'了。"小城也和小吴一样对生鲜电商的未来，特别是对生鲜电商的市场需求充满信心。

"说是这么说没错，农产品生鲜确实有很大的市场需求。但是我有个隐隐的担忧，就是有那么多互联网电商平台也在做类似的生鲜电商，但是最后能够做成的也是很少，所以要把这件事做成难度还是不小的。"小彬尽管也认同农产品生鲜有很大的市场，但是还是有一些担忧的。

"现在的年轻消费者不愿意抛头露面花时间去菜市场或者超市买食物，甚至像超市或者菜市场这样的线下店的消费体验并不好，所以我们做生鲜电商还是有机会的。"小城试图能够减少小彬的忧虑。

两人听了小彬的担忧，也觉得不无道理，这个问题也时刻存在他们的心中，也在思索着能够解决这个问题的答案。

可是开弓哪有回头箭，几百万的资金投入下去了，尽管这是他们三个合伙的资金，这也是一笔不少的数字。

因为在他们开始从事创业之前，也认真地搜集了一些生鲜电商的一些真实案例，不少电商平台都有生鲜产品质量问题的存在，所以在他们自己从事生鲜电商创业时会格外关注这个问题。

创业两年之后

在小吴他们仨开始生鲜电商创业的两年之后，他们手头上可用的资金越来越少了。因为他们除了严格按照标准把关生鲜产品的质量，还在做了一个生鲜电商的小程序，这个也是一笔不小的投入。

刚刚开始创业之初，他们也学着像互联网公司那样尝试做一些补贴来促销，但是补贴的规模和力度当然不能和那些互联网巨头相比。经过一些促销让利和补贴的手段，尽管还没开始盈利，但也吸引到了一些用户，但是这些用户还是熟人居多。

而且更要紧的问题就是和超市或者菜市场卖的生鲜产品相比，小吴他们的生鲜电商平台卖的产品的优势并不明显，说得不好听就只是在线下生鲜的超市基础之上加了配送服务，生鲜电商的电商互联网优势没有凸显出来。此外还有重要的一点，由于一方面生鲜产品的保质期短，另一方面生鲜平台需要自己囤货增加了成本，为了保证产品质量，卖不出去过期了只能处理掉。

小吴他们三人就眼睁睁地看着投入的成本越来越多，手里可支配的现金越来越少，刚刚开始他们也曾想方设法地改善经营状况，也在绞尽脑汁地想怎么才能让公司持续健康的盈利，也尝试过很多的运营手段，但都收效甚微。

"明明生鲜的市场需求那么大，可是为什么我们生鲜电商的平台就是做不起来呢？"小吴、小城和小彬他们三个人在这时候都产生了这样的疑问。"其实我们要把这件事做成，凭着我们现在的资金和条件还是远远不够的。因为那些互联网的巨头也不一定能够把这件事做成，况且他们手上有巨额的流量和大把的资金。"小吴疑惑地说。

创业之后的一年时间里，他们还是怀揣着很大的激情和希望，但时间久了就算有满腔热情也被慢慢地消磨得差不多了。

两年时间过去了，小吴他们三人合伙创业的电商平台以失败收场了，投进去了几百万也打了水漂。

所幸的是他们都不是借钱创业，这样的压力还能小点，而且这次创业失败的代价也是他们几个人承受得起的。

然而在这个相互合作的过程中，他们更加深刻地感受到的是他们设想会遇到的问题和在现实中遇到的问题还是存在不小的差距，他们之间的分工合作和配合能力也在创业过程中不断地受到考验。

由于有了这次失败的创业经历，他们在再次创业的时候能够避免这样的一些坑，因为花着自己真金白银换来的经验教训，远比那些在书上和听来的创业案例的教训要来得更加深刻一些。

付出了代价才明白

曾国藩的《曾文正公嘉言钞》中有这样一句话："古之成大事者，规模远大与综理密微，二者缺一不可。"有远大的战略目标和规划，也能做好落到实处的小事情，缺一不可，有战略眼光，也需落实在具体的事情上。

农产品生鲜确实拥有庞大的市场需求，生鲜电商也着实是一个不错的创业领域，要不然今天的中国互联网巨头不会如此大动作地投资生鲜电商平台。但是小吴他们在生鲜电商领域的创业，却做不起来，甚至最后以失败告终，是因为他们没有真正解决生鲜电商的"痛点"——保证生鲜产品的质量，让消费者能够对生鲜产品的质量放心。尽管在他们创业的过程中，小吴他们也隐约感觉到保证生鲜产品质量的重要性，但还是没有做到让消费者真正信任，并且放心而且安心地购买。

其实生鲜电商领域最大的痛点就是怎么样保证生鲜的产品质量，如果能真正解决产品质量的问题，让产品质量有保证、安全，让消费者能够对生鲜产品有信心，那么就会获得成功。可要真正解决这一"痛点"并不如容易。

在今天的创业浪潮中，针对人们的衣食住行的需求而创业公司很多，但是能够在浪潮中解决行业"痛点"的创业公司却很少。了解行业"痛点"的创业公司很多，但是能够真正解决行业痛点的人却很少。

不少创业的人以为有市场需求，创业这事就一定能够做成。比如几年前比较热门的"共享经济"潮流下，共享单车在中国的市场需求还是很大的，因为中国是人口大国，中国也曾经是"自行车王国"，做共享单车破产的公司也依然不少，所以并不是有了市场需求创业就一定能成功。

创业是一条充满挑战和未知的路，是属于勇者的路，也正是因为路上有许多未知的风景和挑战，才吸引着更多的人去踏上创业的路。

失败在创业过程是常见的，不能因为某一次创业的失败就否定掉自己个人的未来。创业路上的每一次试错和挫败，都值得我们认真地反思和学习，与其选择抱怨，怨天怨地，说这说那，倒不如省下自己的力气，总结和分析试错的经历，为下一次的创业积攒经验，让自己有足够的经验和能力去应付创业过程会出现的问题。每个人都想成功，不想经历失败，可是现实并不像人们想象般美好，试错是创业的必经之路。青年人的未来充满着无数的可能性，而创业和创新也是我们的社会保持活力和进步的重要原因。

绘图：台湾菩萨蛮数位文化有限公司

九　赌徒心理在作怪

　　我们每个身上都多多少少有过赌徒心理，青年总是幻想着有朝一日通过创业或者金融投资的方式能够早日实现财富自由。赌徒心理不仅存在博彩业当中，在青年人创业和从事金融投资时，也是一种常见的的心理。赌徒心理也会让青年人在创业和金融投资时"踩坑"。

　　2013 年的秋季，小耿成为某商学院经济学系的一名大学生，从大一下学期开始接触股票和基金的投资，拿着最开始的三四万块钱作为本金，开始一边翻着金融投资类的书一边在金融投资的实践中学习和检验自己的交易技巧和方式……

初尝甜头

　　最初的一年多，小耿总是亏多盈少，但是由于本金不多，也不至于伤筋动骨。之后碰上了 2015 年证券市场的牛市，盈利翻倍了，把之前亏的都赚回来了，因此小耿还把在大学自己兼职赚到的四五万块钱追加了进去，最后小耿至少赚了六位数。第一次赚到钱的小耿，变得比以前自信和开朗多了。心里自然美滋滋的，可是高兴归高兴，小耿也明白自己能够赚到钱并不是完全凭借自己的能力，也有运气的成分，自己刚进入股市没多久就碰到了七八年一遇的牛市。牛市的行情并不是每一年都有，股市的行情起起落落，并不是次次都能遇到。尽管小耿也熟知巴菲特的价值投资理论，可是操作起来还是有难度的。

2015 年的牛市到来的时候，对于才有两年股龄的小耿来说，初次的感觉是模糊的，迷迷糊糊地就赚到了钱。2015 年的股市，大盘指数一个劲往上涨，甚至有些行业板块集体涨停也出现过。但是学过一些粗浅金融知识的小耿，还是显得谨慎甚至小心翼翼，不敢轻易下结论判断是否真的牛市到来。

夏季周一的校园，读大二的小耿也和其他同学一样正常的上下课，从上午的第二节课开始，每逢下课的间隙他就会打开股票软件，盯着手机看当天股票的行情。随着下课铃声响起，上午的课程结束了，小耿和他们的同学兼舍友小彭、阿飞、小洪几个人陆续地走出了教室往学校饭堂的方向走去。

"这几天的大盘指数又翻红了，今天一个上午就将近两个点了。"小彭在午饭的时候对其他人说，小彭他们这里说的大盘是指 A 股上证指数。

"大盘指数已经连续四天翻红了，我上午十点多打开手机软件一看，大盘将近涨了 1.96% 了。"在一旁的阿飞也随即应和着说，"今天的证券、通信和白酒板块涨势惊人，大家今天的受益应该不错吧？"

小彭和小耿两个异口同声地回答道："一般般啦，还过得去。"尽管他们嘴上表现得很谦虚，但脸上的笑容藏不住内心的喜悦。

这时平时很安静的小洪也说话了："上午总算跑赢大盘了，我持有的两支股票今天上午的涨幅一个 4.5%，另一个有 6%，我两个星期前就已经进场了。"虽然小洪说话的语气很平和，但还是难以掩盖心中的喜悦，"你们说是不是到牛市了，近五个交易日，大盘涨幅都快接近 10 个点了。"

"最近大盘指数涨势可喜，而且连续四个交易日翻红了。至于是不是牛市，我觉得还得再看看一段时间。"小耿吃饱后拿纸巾擦了擦嘴说，尽管近期 A 股指数总体确实呈上涨趋势，他和其他同学几个人也确实盈利了，但至于是不是牛市，小耿觉得还不能完全确定。

除了正常上课时间之外，小耿他们一回宿舍就会打开电脑在网站上看财经新闻、个股的 K 线图、上市公司的财务报表。有时候也会和其他同学讨论分析股票的技术面和基本面，关注个股在不同时间的资金净流入和流出。

在 2015 年 A 股的这一波牛市中，小耿初次尝到了赚钱的甜头，也赚到了人生的第一笔钱，至少六位数，尽管不多但对于一个还没毕业的大学生来说，已经是一笔不小的数目了。

当初为什么不投多一些钱进去呢

因为赚到了第一笔资金，小耿也变得自信和大胆起来了。小耿和小彭、阿飞几个人也经常聚在一起探讨未来自己的发展方向、各自的憧憬和迷茫，小耿他们这群年轻人充满着青春的朝气和活力，身上仿佛有使不完的劲。

时光荏苒，在他们大学毕业两年后，初春，阴天的一个午后，天空没有阳光，淡色的乌云遮盖了天空的蔚蓝，空气有几分潮湿。小耿在自己家里招待来游玩的大学宿友小彭、阿飞和小洪。

古人说"有朋自远方来，不亦乐乎"，大学好朋友来到自己的城市，是一件令人高兴的事。小耿虽然也觉得高兴，但还是心事重重的样子，甚至有些懊悔。

小耿熟练地煮水泡茶冲茶，接待远道而来的大学宿友。因为之前他们既是经济学专业，又都炒股，所以自然难免聊起来炒股的事。

"最近大家在股票上收获怎么样？"经过了一番闲聊之后，小彭把话题引到了股票上，因为他们几人毕业之后还是从事和金融投资相关的行业，所以难免会问起。

"我去年上半年的盈利，不仅在下半年吐出来了，而且还亏了二十个点。"在一旁的阿飞说出了他自己去年的收益情况，言语中也有一些不甘心和抱怨。去年的投资，小洪也和阿飞一样都没有赚到钱，甚至还亏了一些。只有小耿和小洪盈利，因为他们都投了白酒板块，所不同的是小康投的是白酒板块的龙头个股，小洪买的是白酒基金。

"我去年下半年都把关注的焦点放在白酒上，虽然有盈利，但只是三分之一的仓位。"尽管小耿去年的投资有盈利了，但是他还是高兴不起来，言语之中还有一些遗憾。

"小耿，你这是拉仇恨啊，有盈利就已经很不错了。"小洪半调侃半安慰地对小耿说。

"哎呀，当初为什么不多投一些钱进去呢？"小耿有些怨恨自己当初的保守了，"去年如果能够重仓甚至全仓就好，甚至还还可以贷款或者和其他人借钱直接重仓。"小耿一边说一边拍着自己大腿，表示后悔了。

"小耿，我们粤语不是有这样一句谚语么，'有早知有乞儿'啦。"阿飞用纯正的粤话说出了这句话。

"如果有那么多的早知道当初怎么样，社会上就没有那么多乞丐了。如果都能提前知道行情走势的话，我们也就不会亏了。"小彭顺着阿飞的话说下去。

"如果失去理性的去借钱买股票，这大概和赌徒差不多吧。"小洪从小耿家里沙发上站了起来，喝了口茶，对小康说。

尽管小耿觉得他们几个说的话也有一定道理，但是他还是听不进去，甚至还固执地认为可以通过借钱加大杆杠的方式去赌一赌，这样才可以早日实现财富自由。殊不知小耿的这样想法，让他今后遇到了更大的"坑"。

疯狂的行情

小耿在大学期间就有关注过比特币，但只是一些粗浅的了解，不敢立马投钱就去，而只是选择了观望一段时间。小耿大学时比特币才刚刚在国内被人熟悉，那时候的比特币也就五百多美金，按照那时候的汇率人民币才三千多。大概在 2014 年初，小耿看国内某财经专家在电视上大谈比特币，这位财经专家认为比特币只是一串数字，实际没有价值。

大学毕业了之后，小耿自己也踏上了创业之路，创业的两年内他也赚到了一些钱。所以在他观望了比特币小半个月之后，他选择进场了买了一部分的比特币，初次试水的他选择了这样的举措：花了六万块人民币不到就买了两个比特币，不敢买多了，自己还留着大部分现金。

时间差不多过了一个月之后，获利竟然将近达到了百分之七十，这么短的时间，这个比例的收益回报，确实让初次买比特币的小康心动了，甚至开始出现了幻想。这个时候的小耿觉得投比特币比股票还要简单，因为他当年初进股市的时候是亏钱的，后来通过不断地学习和调整自己的交易技巧，在自己亏损的交易过程中反思学习，提高自己的交易技巧，再碰上牛市的行情，才开始在证券市场上盈利。这一次证券市场的获利，也成为他今后投资比特币的重要本金。

又过了两天，小耿约了三五好友组织了一个饭局，借着聚会吃饭的理由，大家又聚在了一起。

小耿拿起了手机说："我们几个都到了，你什么时候到……"原来人还没来齐，今天来的都是很熟悉的朋友，所以就边等边聊天，吃点花生米和其他简单的小菜。

"你们有听说过比特币这玩意么？最近挺火的。"说话的阿庆，是小耿的另一个发小，现在也自己创业做电商了。

"之前有听说过，还涉及区块链技术，我是看不懂。"坐在小耿旁边的阿哲说。

"我上个月中旬买了比特币，就买了两个。"小耿说完这句话，桌上的其他人都投来了羡慕的目光。

桌上另一个朋友问："收益应该挺不错吧。"

"还不错，差不多一个月有百分之七十的收益。"小耿回答道。

"这么短的时间内，这样的回报率挺高了……"

"可是电视上某位财经专家，甚至还有人说比特币是一个骗局。比特币本身是一串没有实际价值的数字。"坐在小联隔壁的阿庆说。

"现在电视节目经济学家的话还能信么？他也不过是说出了自己的看法，并非是客观的事实。"小耿边说边笑。

"可不是吗，现在经常在电视抛头露脸的所谓专家，特别是在带有广告性质的栏目，那些所谓的专家说的话，哪里还能信呢。虚假广告多得很，欺骗观众的很多。"自从说到所谓的专家，阿庆就兴奋起来了。

"也不能怪这些专家们，他们也要吃饭，他们也是拿着剧本的演员。"小耿调侃道。此刻的小耿，也通过上网查阅了不少比特币的资料，能够粗浅地了解比特币。至于比特币是不是骗局，他不敢下决定，也不想轻易地下定论。他想再看看，比特币的行情确实是往上涨的，自己也不敢多买。

"不过话又说回来了，小耿你当初怎么会想到去买比特币，怎么敢去买？"阿庆好奇地问。

"阿庆，你抢了我的台词了。哈哈，不过这也是我想问小耿的。"阿哲也和阿庆一样，也想问小耿这个问题，所以他们两人不约而同地都把眼神投到小耿身上。

"我也是因为朋友推荐介绍我买的，初始我也不看好比特币，因为我看不懂，不敢买。当然我现在是买了比特币，可说实话，我现在还是看不懂比特币。只是觉得能赚钱，就试试看，亏了也不要紧。但谁又能想到比特币能涨到今天这个价位呢……"

自从那天的聚会之后，小耿投资比特币获利百分之七十的事，在周围的朋友之间传开了，甚至连朋友的朋友们都知道了，甚至有些人都开始拿出现金尝试买了比特币了。

夜深了，月亮高挂在天上，可是小耿却睡不着，他还在想比特币的事。

借钱炒币的赌徒

面对持续上涨的比特币行情，一心想早日实现财富自由的小耿怎么能不心动，何况他自己手头上还有将近一百万的现金。

经过了两三天的心理斗争，小耿把手头上的资金转入了比特币账户。但是刚买入第二天就遇到了大跌，跌幅将近15%，短短一天账面上就少了十几万。面对下跌，小耿不是及时止损选择退场。因为这一次小耿是下了重本想要买比特币，一心想要翻倍，所以小耿就四处借钱，甚至从银行贷款去炒币。

人一旦利欲熏心就很难理性了，小耿不仅是借钱炒币，而且还杠杆加倍了。这样的小耿已经不是投机了，更像是一个红了眼的赌徒了。

可是当小耿静下心来想想，问问自己比特币真的是骗局么？其实扪心自问他也不知道，他自己也在赌，他在赌让他看不懂的比特币不是骗局，他也在赌比特币的行情不会下跌还会继续上涨。如此这般，他自己与赌徒又有什么不同呢。

小耿并不是一个愚笨的人，在之前自己能靠努力工作赚到自己人生的第一桶金，更说明小耿是一个精明的，不见兔子不撒鹰的主。

如果不是因为比特币让他尝到了甜头，赚到了钱，他哪里会掏出这么多钱来买比特币呢？正应了小耿家乡的那句俗语："输钱是从赢钱起"，他第一次买比特币的时候，是拿出了一小部分钱想试试看比特币究竟能不能赚钱，是抱着尝试的态度，即使亏了也不要紧，就当是交个学费了。可是现实不用他交学费了，反而让他赚到钱了。这也让他产生了错觉：接下来要掏出重本来买比特币，想要赚很多很多钱，可这一次没有上一次那么幸运了。

面对比特币急涨急跌的行情，使用了加倍杠杆的小耿，没过多久就被爆了仓，可以说亏得一塌糊涂。那一百万大部分还是他自己创业做生意要周转的资金，现在比特币亏了，自己的事业也受了严重影响，更何况还有借的钱。

事后反思

借钱炒币的小耿身上赌徒心理太明显了，因为赌徒心理不仅使得正在创业的小耿遇上这么大的坑，而且使得他刚刚有起色的事业遭受到了打击。如果小耿能够专心创业，远离投机，没有那么明显的赌徒心理，可能就不会遇上这么大的坑。

创业是一个充满着不确定性和未知的过程，可是创业不是赌博，这两者之间并不能画上等号。创业者需要有勇往直前、敢为人先的精神，但不等于赌博的那种精神。

人多多少少都有一些赌徒心理，但是小耿已经不是多多少少的问题，赌徒的心理已经让他迷了心窍，连理性判断的能力都丧失了，他一心想着就赢钱。像小耿这样的人去买比特币，不仅不能算是投资，甚至严格意义上讲也不能是投机，往严重里说，像是一场赌博。放眼全世界，有几人是能靠赌博起家的。就算是香港已故的赌王何鸿燊，他自己是经营博彩业，却不从赌博。

创业也和做学问一样，需要大处着眼，小处着手。每一步都要落到实处，脚踏实地，从做好小事开始，不求快，不做妄想。

做事闹哄哄，一心想着走捷径，老想着一夜暴富，有这些不切实际的想法的人都是难以长久的，也很难成事。

人一旦有了赌徒心理，幻想着自己能够暴富，已经没有了理性的判断。说实话小耿也不是一个愚笨的人，要不然他也不会在两三年时间取得不错的成绩，只不过小耿因为买比特币红了眼，赌徒心理已完全取代了他的理性。

绘图：台湾菩萨蛮数位文化有限公司

十　就是骗你没商量，新版的庞氏骗局

社会，物欲横流的诱惑着；人心，喧哗躁动的起伏着。

城市，灯红酒绿五光十色，人们拥挤在路口汽车的轰鸣声中。

新版的庞氏骗局涌动的是人性的贪婪，尽管是有着多年社会经验或在创业数年略有小成的人，也难免深陷其中。查尔斯·庞兹虽然死了，但是以他命名的庞氏骗局，还是会以换汤不换药的新方式出现。

尽管巴尔扎克曾经说过：骗子旁边必有傻子。可是遇上庞氏骗局的"傻子"也并非全是愚笨之人……

婚礼上的"心动"

夏季，阳光明媚的午后，一场婚礼经过几个月的精心筹划正在有条不紊地进行着：小贺这次婚宴摆酒的酒店靠近港口，新郎小贺和新娘站在海滨酒店的大门口，迎接着来自四面八方前来道贺的亲朋好友，大家都沉浸在喜庆的氛围当中。

一

这一天是小贺大喜的日子，站在酒店门口迎宾处的新郎和新娘，望着从远方前来的朋友从车上走下来，来向他们表示祝贺，心里自然高兴。不到一会儿，酒店门口的停车场就差不多停满了车，场面真是气派。

一辆法拉利慢慢地开到了酒店门口停了下来，车门打开了，下来个一身齐整西装的帅小伙，徐徐朝着小贺走来。小贺定睛一看，正是自己刚刚踏入社会工作时的同事——范哥，范哥比小贺年长两三岁，而且当年在工作上，范哥很照顾他，两人亦师亦友。

当看到开着法拉利的范哥的时候，小贺的心理是惊讶的，他好奇为什么范哥在短短三年的时间里就可以买辆法拉利。小贺在惊讶的同时，也心动了，他在想自己什么时候也能够买辆法拉利。

"小贺，祝贺你新婚快乐，恭喜恭喜。"范哥亲切地对新郎和新娘表示祝贺之后，便拿出礼物递给新郎小贺。

"谢谢，里面请，范哥远道而来辛苦了。"对范哥的到来着实小贺感动，因为上周范哥正在国外度假，为了参加小贺的婚礼特地赶回来。婚礼上，新郎和新娘向参加婚宴的各桌宾客敬酒一圈之后，范哥特地端起酒杯，还走向新郎小贺干杯……

二

婚礼结束，小贺和新娘目送前来参加婚宴的宾客陆陆续续走出酒店。小贺看到自己的二弟阿帆正陪着范哥说话，所以小贺就朝着范哥走过来了。

"范哥，谢谢你特意从国外赶回来参加我的婚礼，兄弟我很感动。"小贺真诚地表达了对范哥的谢意，因为和范哥已经快三年不见了，老朋友好久不见之后默契地的握手和拥抱。

"我们是好朋友也是好兄弟嘛，自己兄弟新婚大喜的日子，无论我在多远的地方也都要赶回来参加……"范哥很动情地说了这段话。

"范哥，你从外地过来，要在我们这里多住几天，要好好看看当地的美景和品尝我们当地的美食。"小贺诚挚地邀请范哥多住几天再回去。

"没问题，正有此意。不过有事你先忙，有阿帆陪我说话就行。"高兴的范哥对新婚的小贺说。

"好，范哥，我先去忙了。"小贺在走之前还嘱咐自己的二弟说，"阿帆，任务交给你了，你这两天好好陪范哥吃好喝好玩好。"

看到开着法拉利的范哥出现时，小贺心中也是有疑惑的，但是心动的感觉大过疑惑，所以他想找个时间再问问范哥。

听范哥讲自己的"奇遇"

阿帆还记着自己大哥小贺的吩咐，第二天上午，就叫上自己两个朋友陪范哥去茶餐厅吃了茶点，大概上午十点钟，阿帆开自己的奥迪车，范哥开着的那辆法拉利，一共两辆车，载着四五个人，去附近的景区兜风。阿帆给范哥仔细介绍着自己家乡的地理和历史，开着车沿着海岸线走，他们家乡附近有两个国家 4A 级的景区。

一

下午，阿帆他们几个人陪着范哥，驱车北上前往红色革命老区参观，也参观了当地的佛教圣地。阿帆由于读过当地的县志，所以他能熟练和范哥介绍沿路景区的历史和民俗，到了傍晚时分，范哥回到了下榻的酒店休息。

二

黄昏，海景酒店的包厢内，落地的玻璃窗，可以看到外面让人惊叹的海景，这个酒店是小贺特意订来招待范哥的。

餐桌上，阿帆根据大哥小贺的叮咛，点了有当地特色的海鲜和其他菜色。酒过三巡，大家喝着杯中美酒，品尝着当地的特色菜肴，欣赏着如此美景，夫复何求。

俗话说靠山吃山，靠海当然吃海鲜，太阳在傍晚的天边慢慢地藏起了自己的身影，躲在靠近海平线的附近，露出了它的光芒。落日的余晖洒在海面上成了粼粼的波光，如丝绸柔软的波光随着停靠在港口的小舢板慢慢地晃动，从酒店的窗口望出去刚刚好正对着。

在欢快的交谈中，大家像切换电影镜头一样，谈起往事，趁着酒兴，大家问起了范哥的近况，之前在朋友圈只是了解到范哥生活过得很丰富多彩，经常去国内外旅行，但还是不知道范哥具体是做什么赚到了钱。

"对呀，范哥，你三年前从公司就辞职了，我们只知道你回到了家乡去发展，但具体是做什么呢？"小贺问的也是其他人心中疑问。

范哥端起了酒杯抿了抿口酒，便讲起了他这几年的经历："自从三年前，回到家乡开始创业，初始也没确定做什么，还延续着之前的老本行——广告设计，创业初期收入也不理想。后来听自己的妻舅介绍投资了一个虚拟货币的项目，投了十万进去，不到半年不仅收回了本金，而且翻倍了。没过多久，我和我老婆两人又投入了三百多万，将近两年的时间又翻了两三倍。"范哥说话的时候，吸引了饭桌上其他人的目光，他们在心动和羡慕的同时也有一些怀疑。

"那范哥，你当初怎么敢投入十万进去，你就不担心万一打水漂了呢？"小贺表示了自己的疑问。

"如果当初不是自己的妻舅真真实实地从虚拟货币这里赚到了钱，之后买了豪车和豪宅。我也不信，甚至是严重怀疑。"精明的范哥如是说。

"现在呢？你现在怎么看？"旁边的阿帆问坐在对面的范哥。

"现在我是相信这个项目了，因为从这里赚到了钱，也在我们的省会买了两套两百多万的房子，还有今年年初换了辆法拉利。"范哥说完这句话，话音还未落地。小贺就表示自己也想跟着投一些钱，"我也想开个账户，拿十万块钱试试。"因为小贺自己做电商这几年来赚了不少，尽管也没有像范哥那样赚得多，不过他自己也在市区买了一套一百三十多平米的房子，现在手上也有一百多万的现金。

小贺一说完，其他人也纷纷表示想要投一些钱试试，就算亏了也不要紧。

"先不急，如果你想投，那就先了解清楚再投也不迟。"范哥出于负责任的态度对大家说。

投钱，回本，加大力度再投

过了两三天，二弟阿帆对小贺说："大哥，我也想跟你投一些，不过我现在没有十万，我就先拿五万试试。"

"这样也好，毕竟我们也只是听范哥讲，还要再深入实地了解和考察。"小贺尽管心中还有疑虑，却依旧拿出十万块钱投投看。

阿帆资金没有大哥小贺多，处事谨慎的他，也是考虑了几天才拿出五万块现金去试试。过了三个多月，小贺收益了百分之七十，阿帆的五万块人民币也赚了将近三万块钱，如果直接套现就是有将近百分之七十的盈利。

这么短的时间就能赚到本金的百分之七十，确实诱人，小贺和阿帆也不例外。他们兄弟俩身边的朋友也慢慢地知道了这件事，和他们兄弟俩询问情况的人也很多，尽管刚刚开始时是带着怀疑的试探，但是看到银行账户的真实收入，他们心中的疑问就少了很多，贪心和幻想也蒙蔽了这群青年创业者的心智。

眼看这么高的回报率，小贺又直接追加了五十万新开了一个账户，尽管五十万对普通工薪阶层来说是一笔不小的数目，但是小贺还是能承受得起的。小贺的太太知道了他投了五十万的事情，劝说道："我们刚刚结婚没多久，你的事业也正在上升期，怎么可以拿五十万去冒险呢，如果被骗了，钱打水漂了怎么办？"

"我怎么会做没把握的事呢，你还记得我们俩结婚那天前来道喜的范哥，开着法拉利那个。"

"知道，他还给了我们很大一个红包当随礼呢。他怎么了？"小贺太太问。

小贺把范哥这几年的经历一五一十地讲给了太太听，试图她打消疑虑，尽管如此太太仍是不放心。于是小贺把之前投了十万的获利明细拿给太太看了，因为确实赚到了钱，太太也就不再说什么了，只不过还在提醒小贺谨慎。

小贺的五十万投入进去了，再过了七八个月，之前投入的十万块，本金不但收回来了，而且还赚了不少。面对这种诱人的情况，小贺又追加了一百万，阿帆也追加了将近三十万，他们身边的七八个要好的朋友也跟着投了一些钱进去，跟着投钱的人，多的也和小贺一样，投了一百多万，少的也有十几万。

将近一年过去了，这群人中陆陆续续收回本金的百分之三四十，于是他们又继续追加了一部分资金……

这是新版的庞氏骗局

小贺哥俩和他们的几个朋友，每天除了忙创业和工作之外，也格外注意他们投钱这个项目的情况。

晚清曾国藩说过："一经焦躁，则心绪少佳，办事必不能妥善。"这句话人人都看得懂，也明白什么意思，是朴实简单的话，但试问有几个人能够做到。这个是曾国藩多年的生活体会，不仅生活如此，我们创业也是这样。

小贺下班了，正准备开车回家，经过菜市场附近时变得拥挤了，小商小贩在路边摆摊做生意，附近的居民也来买菜。这个地方一到下午五六点这段时间总会变得异常的热闹。下班的小贺因为塞车变得烦躁了起来，本来公司的事已经让他够烦了的，没想到自己因为塞车莫名其妙地生了一肚无名之火。

　　小贺回到了家中，脱下了鞋，走回到了客厅，家里的灯正亮着呢。小贺的太太正在厨房忙着炒菜，二弟阿帆正在开红酒，小贺在昨晚约了阿帆来自己家里吃饭，兄弟两人各自成家之后也好久没有好好聚在一起吃饭喝酒了，今天难得阿帆来自己家里吃饭。小贺和太太都很高兴，太太听说阿帆晚上要过来吃饭，特意多做了几个下酒菜。

　　一桌丰盛的菜肴：葱蒜焖带鱼，清蒸白鲳鱼、红烧猪蹄、苦瓜炒鸡蛋，凉拌拍黄瓜，鱼香茄子煲，再加上浓浓的酒香。如此美食和美酒慰劳了工作了一天的小贺和阿帆他们。一家人坐在一起吃饭，免不了家长里短，兄弟俩的话题除了聊家常，也自然聊到了赚钱做生意上。在夜晚聚会喝酒的时候，兄弟俩都在憧憬他们各自的未来，都希望能够早日实现财务自由。

　　理想总是美好的，但现实毕竟是现实。过了半个月，小贺和阿帆都知道了他们自己投钱的平台倒闭了。之后他们也去追问范哥的情况，范哥也确实没对小贺他们说谎，他确实从这个投资平台上赚到了钱，买了车买了房，包括他的妻舅也是。

　　阿帆反应过来了，对小贺说："大哥，这是骗局，拆东墙补西墙的骗局，拿着后面的人钱去补给前面的人的骗局。"

　　在这一个投资平台中，像范哥这样的是属于先进场排在前面的那一部分，所以他们能赚到钱，只不过这些钱是来自后来进场人的；而小贺和阿帆他们是属于中间那一部分的，所以他们第一次投资能够获利；再之后进场的就注定血本无归了。

　　小贺恍然大悟，右手在自己的前额上一按，惊讶而后悔地说道："啊？这是新版的庞氏骗局。"

"查尔斯·庞兹虽然死了，但是以他命名的骗局还在。"阿帆说。

"是的，庞氏骗局不会因为庞兹的离去而消失，因为人性的贪婪经过这么多年没有变，还是一样会贪婪。"小贺被坑了这么多钱，变得清醒多了。

"主要是设这个新式庞氏骗局的人，他们给出的所谓盈利和分红太有诱惑性了，真是防不胜防。"阿帆接着说。

"哎，我们都知道庞氏骗局是怎么一回事，可还是栽倒在现在这个新版的庞氏骗局上了。类似的庞氏骗局还会以一个听起来很高大上实际上却子虚乌有的投资项目来作为噱头，骗人入局。都怪自己傻，也不知道自己当初哪根筋搭错了，怎么会走到这一步的呢。"小贺说完咬着后槽牙，攥住拳捶在桌面上，桌上的水杯也随之摇晃。

"你捶也没有用，我还不知道大哥你的心思么？你还不是因为在你结婚那天看到了范哥开的法拉利心动了，才决定去投这个，所以今天才会踩坑。自从庞兹死后，2009 年，美国的伯纳德·麦道夫操作的庞氏骗局，诈骗金高达 650 亿美金。"

"我听说过麦道夫这个人，是个犹太人。他承诺给投资者每一年 8% 至 12% 的投资回报率，不论当年的金融市场行情如何。麦道夫这个骗局的受害者有像桑坦德、奥地利、汇丰、瑞士这样的银行，还有像纽约大都会棒球队老板弗雷德·威尔彭这样的富豪，还有像诺贝尔文学奖得主作家埃利·维塞尔这样的名人，被骗的还有好多好多……"

"你知道就好，可是你自己遇上新版的庞氏骗局，还是毫无悬念地栽跟头了。庞氏骗局玩的就是拆东墙补西墙的伎俩。"

"庞氏骗局不仅国外有，国内也有。前些年国内的云养系列骗局，安上了 App 的幌子，像云养牛、云养猫、云养猪这些方式去骗投资者的钱财。我看过新闻，有了解一些，可我还是避免不了被骗了。"

"我知道庞氏骗局，也称为金字塔骗局。在这个骗局中并不是所有的人都会被骗，最先投钱的，也就是最先入局的人是确实是能够赚到钱的。你是不是也想成为这个骗局中赚钱的那个？"阿帆问。

"你贪我的利息，我要你本金。其实我们遇上的庞氏骗局，设局的人大概就是这么想的。"小贺尽管被人骗了这么一大笔钱，心中很不爽，但是他说这句话的时候还是忍不住笑了。

"对啊，你贪我的利息，我要你的本金。不下香香的饵料鱼儿怎么会上钩，不下真金白银的利息，我们这群傻子怎么会上钩。"阿帆说着说着也忍不住笑了，小贺和阿帆他们俩兄弟都不是开心的笑，而是笑自己当初怎么那么蠢，甚至是笑中带泪，笑中也有无奈，是一种被自己蠢到哭和气到哭的笑。人一旦被自己蠢到的时候，不仅仅是生气，也有可能是无奈地笑。

阿帆看着大哥小贺刚刚那样笑，自己也很无奈并且忍不住地大笑起来，小贺看着阿帆大笑，自己也放肆地笑起来，哥俩仿佛是在比谁的笑声大。幸好是在家里，要不然在外面还真以为这哥俩是不是疯了。这不，听到这笑声的小贺太太便闻声赶来，一脸疑惑和不解地问，你们俩怎么了？是不是魔怔了？大概她内心也在嘀咕这两人是不是疯了，只不过没说出来。兄弟俩人看到她这么问，便停住不笑了，刚刚俩人笑得肆无忌惮，这回被小贺太太一问都感到有些尴尬了。很快两人又变回了正常状态，也变得严肃起来了，他们都不说话了，仿佛空气在刹那间静止了一样。

"我觉得自己确实有抱着侥幸的心理，也就想着在骗局在暴雷之前能够全身而退。阿帆，我做大哥的觉得对不起你，让你也跟着被骗。其实君子何必立于危墙之下。"小贺惭愧地说。

"不要这么说，我也心存侥幸。看到你赚钱了，自己也想去试试看。我也有想过可能是庞氏骗局，但我还是想去试试看。可是我不像你，手头上可以用的现金很少，所以被骗的钱不多。"

"其实也不能怪设局的人。人啊，就是太贪心了，我也是贪心的俗人一个。就当是花钱买个教训，只是这个教训买得太贵了。"

阿帆伸了懒腰，叹了口气说："君子何必要立于危墙之下呢？"

"侥幸和贪心作怪了。"

"嗯，我们今后还是踏踏实实地创业，把我们自己的产品做好。不要再幻想着一夜爆富了。"阿帆对小贺说道，他比小贺亏的少，除去前面拿回来的钱，他一共亏了二十万。

"这是一个坑，也是一个教训。人啊，还是贪心。"小贺说完这句话，便抽起了手里的香烟……

君子何必立于危墙之下

小贺他们这些人花了几百万买了这么一个教训，如果不是因为贪心，还有理性的分析和判断，也不至于被坑得这么严重。庞氏骗局最诱惑人的地方就是确实有一部分前面入局的人能够不亏钱，甚至还能赚到钱。小贺他们之所以会投入这么多钱就是因为他们抱着侥幸的心理。感觉到有可能是庞氏骗局还是觉得自己可以有那么"幸运"地全身而退，甚至还能赚到钱，总觉得凭借着自己的聪明才智和运气，能够在庞氏骗局崩盘之前抽身退场。这样的想法当然在理论上也不是不可能，但是现实中并不是这样的。

君子何必立于危墙之下呢，知道是骗局，又何必把自己或自己的资金放在一个危险的地方呢？有危险又何必去靠近，总以为自己和其他人相比很不一样，总以为其他人被骗是因为他们傻、智商不在线，嘲笑被骗的人比自己傻，总以为自己绝顶聪明。

可是不要忘了2009年美国伯纳德·麦道夫操作的庞氏骗局，被坑的人不仅有像汇丰这样专业的银行，甚至还有诺奖得主，论智商按比例来算，他们都是社会上的精英，他们有很高的智商。但是我们要明白，高智商并不代表了不会上当受骗，不要凭着惯性的固有的思维去思考事情。

庞氏骗局不会因为庞兹的死去而消失，这种骗局之所以存在，是因为千百年来尽管社会在进步，科技在发展，依旧不变的是人性的贪婪。

社会在发展，科技也在进步。可是，庞氏骗局的手法和方式在一百多年后依旧还是存在，只是换个名堂而已，这也说明人性的贪婪也有没改变多少。互联网时代，借着互联网或者金融的幌子，招摇撞骗的手法千奇百怪，让人眼花缭乱。但也万变不离其宗——利用人性的贪婪。人一贪心就没有理性的判断，也就容易上当受骗。

在风险投资圈真正能成功的是那些看起来踏实拙朴的，创业者有恒心毅力，肯投入并且与时间做朋友的项目，这些项目往往风险可控制，回报率也不低。

当然，有一句老生常谈的话"天下哪有免费的午餐"，类似的话大家都听得很多，但试问我们几个人能够做到呢。真正的投资不是投机取巧，而是踏踏实实地看准未来市场的需求，不是那些像海市蜃楼一样的虚幻。

创业之路不易，创业路上的青年也不易，因为创业无论在哪个阶段，都有失败的可能。

创业可以大胆地尝试，希望可以通过这些他人在创业路上遇到的失败和教训，让想要创业的年轻人能够有所借鉴，前面有人因为踩过那些坑，他们已经付出了沉重的代价，他们遇到的坑，能够让今后在创业路上的创业者少走一些弯路。

年轻的创业者，你可以大胆试错，在挫败中捶打自己锻炼自己，在试错中学习。尽管创业的路上失败是常见的，但我更不愿更不忍看你失败。

绘图：台湾菩萨蛮数位文化有限公司